Klaus Roos

Es leuchtet die Welt der Weihnacht entgegen

topos taschenbücher, Band 1068
Eine Produktion des Matthias Grünewald Verlags

Klaus Roos

Es leuchtet die Welt der Weihnacht entgegen

Geschichten, Gedichte , Gedanken

topos taschenbücher

Verlagsgemeinschaft topos plus
Butzon & Bercker, Kevelaer
Don Bosco, München
Echter, Würzburg
Matthias Grünewald Verlag, Ostfildern
Paulusverlag, Freiburg (Schweiz)
Verlag Friedrich Pustet, Regensburg
Tyrolia, Innsbruck

Eine Initiative der
Verlagsgruppe engagement

www.topos-taschenbuecher.de

Bibliografische Information der Deutschen Nationalbibliothek
Die Deutsche Nationalbibliothek verzeichnet diese Publikation in der Deutschen Nationalbibliografie; detaillierte bibliografische Daten sind im Internet über http://dnb.d-nb.de abrufbar.

ISBN 978-3-8367-1068-8
Ebook (PDF): 978-3-8367-5067-7
ePub: 978-3-8367-6067-6

Einband- und Reihengestaltung: Finken & Bumiller, Stuttgart
Herstellung: Friedrich Pustet, Regensburg
Printed in Germany

Inhalt

Vorwort 9

Rund um den Kranz welch ein Schimmer 13
Winter-Zeit 14
Alle Jahre wieder 15
Von Menschen und Mäusen 17
Eine Nikolausgeschichte 19
Weiße Weihnacht 26
Winterlandschaft 29
... und ein wenig ein schlechtes Gewissen 30

Seht, neuer Morgen in unsrer Nacht 33
Morgenglanz der Ewigkeit 34
Adventsbilder 36
Manchmal kann ein Wunder geschehn 38
Aufbrechen 40
Er kommt 41
Aufwachen 42
Wenn Du kommst 46

Warten 49
Sehnsucht 50
Erwartung 52
Warten auf Gott 53

Zukunft 55
Gabriels große Stunde 56
Warte-Zeit 58
Längst erwartet 59

... und so leuchten auch wir 63
Im Schatten deiner Flügel 64
Auf der Suche nach dem Größten 67
Und so leuchten auch wir 70
Sende, Herr, dein Licht 73
„... als zöge die Landschaft und wir ständen fest“ 74
Adam 76

Doch wir sehen schon den Stern 79
Dem Licht entgegen 80
Sternenlicht 84
Nachtgedanken 88
Ruf aus der Nacht 90
Wie der Aufschein einer anderen Welt 91
Weihnachtsbeleuchtung 94
Du fehlst 95
Wir sehen seinen Stern 96

Vom Geheimnis der Weihnacht 99
Weihnachtsabend 100
Leons Weihnachtsfest 102

Damals in Betlehem 106
Vom Licht, das in die Welt kam 109
Falsche Frage 114
Sich auf den Weg machen 115
Ist der Messias schon angekommen? 117
Nebenbei bemerkt 120
Wir sind Betlehem 122
Du bist 128
„... und das Wort war Gott“ 129

Und das war erst der Anfang 131
Du aber bleibst 132
Bilanz 133
Gerade die 135
Auf der Suche nach dem Glück 137
Neujahrssegen 142
Vorsätze 144
Leben speichern 145
Dreikönigsgedanken 146
Der Jesus-Film – Fortsetzung folgt 148

Vorwort

Es ist merkwürdig: Weihnachten berührt unser Herz. Schon im Advent erfolgt ein Stimmungsumschwung. Man sieht es, man hört es, man riecht es. Lichter in den Straßen und in den Häusern, adventliche Lieder, weihnachtliche Düfte. Zugegeben: Kaufhäuser machen Kasse, Kommerz und Kitsch, wohin man schaut, Stress und Trubel sind nicht zu übersehen. Mag sein, dass es die Kindheitserinnerungen sind, die unsere Gefühle in Schwingung bringen. Vielleicht ein wenig romantische Sehnsucht nach Wärme und Frieden. Vielleicht die Hoffnung, dass die Welt anders sein könnte, als sie ist.

Mir liegt es fern, darüber verächtlich die Theologennase zu rümpfen. Ist es doch schließlich Er, an den ich glaube, der einen solchen Rummel auslöst – alle Jahre wieder. Und hinter Glitzer und Glimmer, Geschäften und Geschenken kann sich die Ahnung verbergen von einem Geheimnis, das wir „Gott" nennen.

Nie greifen die Menschen so oft zu spirituellen und religiösen Büchern wie in der Weihnachtszeit. Zu ihr gehören die Poesie und die Musik. Es ist, als entfalte sich in dieser Zeit eine neue Empfänglichkeit in uns. Was da alles aufbrechen kann, beschreibt die Bibel in alten Bildern, die Friedrich Dörr zu einem Kirchenlied verdichtet hat:

> Aus Gestein und Wüstensand
> werden frische Wasser fließen;
> Quellen tränken dürres Land,
> überreich die Saaten sprießen.
>
> Blinde schaun zum Licht empor,
> Stumme werden Hymnen singen,
> Tauben öffnet sich das Ohr,
> wie ein Hirsch die Lahmen springen.

Manchen mag durch diese alten Bilder und die kirchliche Sprache der Zugang zu Weihnachten eher verstellt sein. Deshalb suche ich in diesem Buch verschiedene Zugänge zu Advent und Weihnachten, manchmal auch durch die Hintertür. Gedichte und Gedanken, Geschichten und Gebete begleiten den Weg durch die Advents- und Weihnachtszeit. Sie sind heiter oder fromm, kommen leichtfüßig daher oder gehen in die Tiefe. Denn aus vielen Anlässen sind sie entstanden und so eignen sie sich als persönliche Wegbegleiter genauso wie als Impulsgeber für andere. Allerdings gehen sie nicht immer glatt ins Ohr oder ins Herz, sind manchmal hintergründig, reizen zu einem zweiten Blick. Und doch sind die Texte auch auf eine altmodische Weise „fromm“. Sie verraten etwas vom Glauben meiner Kindheit an das Geheimnis von Weihnachten und lassen gleichzeitig etwas ahnen von der lebenslangen Suche danach.

Dieses Buch ist eine Einladung, das eigene Herz berühren zu lassen. Wenn Gott einen Menschen berührt, dann erzählt das die Bibel so: Er schickt einen Engel. Von Maria wird das erzählt und von Jesus, und auch in Betlehem spricht die Stimme des Engels. Wo die schwerfälligen Worte dieses Buchs längst am Ende sind, da kann Sie, liebe Leserin, lieber Leser, der leichte Flügel des Weihnachtsengels immer noch streifen.

Klaus Roos

Rund um den Kranz welch ein Schimmer

Winter-Zeit

Viele Menschen mögen den Winter nicht. Zu kalt, zu dunkel, zu erstarrt, sagen sie. Keine Blumen, keine Vögel, kein Leben. Aber der Schein trügt. Unter der Schneedecke keimt schon die neue Saat. Tief im Boden, in den Wurzeln der Bäume regt sich bereits die Lebenskraft für den kommenden Frühling. Die Natur hat sich in sich selbst zurückgezogen, um in der Ruhe neue Kräfte zu sammeln.

Auch wir brauchen manchmal solche Zeiten der Ruhe, in denen still wachsen kann, was später lebendig werden soll. Sich eine Weile „bedeckt halten", reifen lassen, sich zurückziehen und auf die eigene Mitte besinnen. Atem holen und Energien sammeln und in der Verborgenheit abwarten, welche neuen Knospen das Leben hervorbringen will.

Wir verlieren etwas, wenn wir den Winter verdrängen; wenn wir die Abende hell beleuchten wie die Sommernächte und unsere Geschäfte fortführen im gewohnten Tempo; wenn unsere Wege sich nach außen verlieren und die Tür verschlossen bleibt, die nach innen führt.

Wenn uns die Grünkraft des Frühlings am Herzen liegt, sollten wir uns die Winterzeit gönnen. Sie wird uns guttun.

Alle Jahre wieder

Die Weihnachtszeit ist die Zeit der Kindheitserinnerungen. Die Kerzen am Adventskranz anzünden, Plätzchen backen, den Wunschzettel schreiben für das Christkind – der Zauber vergangener Tage wird wieder wach. Bilder, Klänge, Düfte – aus einer Welt, die wir noch mit Kinderaugen gesehen haben.

Vielleicht berührt deshalb die Romantik der Weihnachtsmärkte und die adventliche Stimmung in den Straßen unser Herz, weil darin die Sehnsucht mitschwingt nach einer vergangenen Zeit, nach einer verlorenen Welt: als das Leben noch so einfach war, voller Geborgenheit und Wärme, als wir noch Träume hatten und an das Christkind glaubten.

Längst sind wir aufgewacht. Wir wissen, dass der Alltag nicht aus „O du fröhliche ..." besteht. Wir kennen die Nachrichten. Wir sind zu realistisch für Familienidylle und heile Welt.

Und trotzdem: Alle Jahre wieder holt sie uns ein, die Sehnsucht unserer Kindertage. Und auch wenn wir schon alt sind, halten wir Ausschau nach dem Stern, träumen von der Liebe und hoffen auf den Frieden, von dem die Engel gesungen haben in jener Nacht.

Es ist ein Schimmer des Paradieses, der aufleuchtet an Weihnachten, eine Ahnung von jener heilen Welt, die Gott seit den Tagen der Schöpfung uns zugedacht hat. „Wir essen Brot, aber wir leben vom Glanz“, sagt die Dichterin Hilde Domin. Es ist gut, dass uns die Adventszeit alle Jahre wieder daran erinnert, wer wir sein könnten und was die Welt sein könnte. In den Lichtern all der Weihnachtsbäume spiegelt sich ein Abglanz der Herrlichkeit Gottes und jenes „Licht aus der Höhe“, das an Weihnachten in die Welt gekommen ist.

Von Menschen und Mäusen

Ein bekanntes Bilderbuch erzählt von der kleinen Maus Frederick. Während die anderen Mäuse im Sommer Vorräte sammeln für den Winter, liegt Frederick in der Sonne, genießt das Leben und träumt. Als ihm seine Freunde vorwerfen, er sei ein Faulpelz, antwortet Frederick: „Ich sammle auch etwas. Ich sammle Farben, ich sammle Worte und ich sammle Sonnenstrahlen, denn der Winter wird grau und kalt."

Bald ist der Sommer vorbei. Im Winterquartier der Mäuse gibt es genug zu essen – man hatte ja reichlich Vorräte gesammelt –, doch trotzdem breitet sich Niedergeschlagenheit aus. Es ist düster und frostig, und eintönig verrinnen die Tage. Da teilt Frederick seine gesammelten Worte. Er erzählt vom Sommer, von seinen Erlebnissen und Begegnungen, und es ist, als kehrten in die Höhle der Mäuse Farben und Sonnenstrahlen zurück.

Natürlich wäre Frederick verhungert ohne die gesammelte Nahrung der anderen, aber auch er hat etwas Wichtiges beizusteuern für das Leben der Gemeinschaft. Die anderen arbeiten, er lebt. Und er sammelt dabei Erfahrungen, saugt sich voll mit den Farben dieser Welt, speichert in seinem Herzen die

Strahlen der Sonne. Die Maus lebt nicht vom Käse allein, das zeigt sich, als der Winter kommt.

Bei uns Menschen ist das nicht anders. Wer über der Arbeit vergisst zu leben, findet sich bald in der grauen Höhle der Freudlosigkeit. Vergiss die Farben nicht, vergiss die Wärme nicht, sonst ist dir bald kalt ums Herz. Wenn dir die Worte abhandenkommen, wenn du keine Geschichten mehr zu erzählen hast, dann wird es Zeit, neue Vorräte zu suchen. Dann wird es Zeit, dass du Begegnungen und Gesprächen wieder mehr Raum gibst, dass du dir das Herz wärmen lässt und Farbe in dein Leben bringst.

Es gibt Phasen im Leben, da ist es wichtig, sich selbst etwas Gutes zu tun. Ausgebrannt und ausgelaugt dienen wir niemandem. Nicht „Schaffe, schaffe, Häusle baue ..." ist unser erster Auftrag. Die Welt soll farbiger werden und wärmer durch uns, und die Hoffnung soll ein kleines Stück wachsen dürfen. Der Advent ist eine gute Zeit dafür.

Eine Nikolausgeschichte

In der Adventszeit herrscht gewöhnlich Hochbetrieb im Himmel. Es ist selbst für Engel ein gewisser Stress, alles vorzubereiten für den Nikolausabend und den Weihnachtstag.

Dieses Jahr aber war alles anders. Eine merkwürdig depressive Stimmung hing in der Luft. „Mit Sankt Nikolaus stimmt etwas nicht“, so raunten sich die Engel vielsagend zu und durch die Scharen der Heiligen ging ein aufgeregtes Wispern.

Der Erzengel Gabriel machte sich nicht viel aus Gerüchten und beteiligte sich grundsätzlich nicht an den himmlischen Tratschgeschichten, aber auch ihm konnte nicht entgehen, dass der heilige Nikolaus trübsinnig auf der Kante seines Schlittens hockte und gedankenverloren die Rentiere mit Rüben fütterte. Gabriel war besorgt. Majestätisch schwebte er heran: „Was ist dir, ehrwürdiger Bruder?“ Die Stimme des Erzengels stand wie ein heller Glockenton im Raum. „Der Nikolausabend naht, und du machst keine Anstalten, deine üblichen Vorbereitungen zu treffen. Was ist es, das dein Herz beschwert?“

Der Heilige schaute auf. „Ich werde auf der Erde nicht mehr gebraucht“, sagte er mit leiser Stimme. „Die Menschen haben keine Träume mehr. In ihren

Herzen ist kein Platz mehr für Sehnsucht oder Hoffnung. Das Geheimnis der Weihnachtszeit ist übertönt von Lärm, zugeschüttet mit Einkaufstüten, verloren gegangen in den adventlichen Märkten und Feiern. Wo man einst vom Fest der Liebe gesprochen hat, da heißt es jetzt: ‚Geiz ist geil.' Sieh her, was sie aus mir gemacht haben: Früher einen Kinderschreck mit der Rute, heute: Nicola – die sexy Schokoladenfrau. Wer kennt noch meine Geschichte? Bei Günter Jauch hat neulich ein Kandidat meinen Beruf nicht gewusst. Er schwankte zwischen Rentierzüchter, Paketzusteller und Schauspieler. Was soll ich noch auf der Erde? Die Köpfe sind voll, die Herzen sind voll: kein Platz mehr für Träume, kein Raum für die Sehnsucht, kein Ort für die Hoffnung. Wie soll es da Advent, wie soll es Weihnachten werden?"

Lange schwieg Gabriel. Seine Gedanken wanderten zurück, als er selbst in dunkler Zeit als Bote unterwegs war, als er einer Frau die Geburt eines Sohnes verkündete und als er im Traum das Herz eines Mannes berührte. „Keine Träume, keine Sehnsucht, keine Hoffnung?", sagte er leise. „Selbst wenn du recht hast: Was soll aus den Menschen werden, wenn die Lichter des Advents nicht mehr brennen, wenn der Weihnachtsstern nicht mehr leuchtet, wenn die Lieder nicht mehr gesungen werden von dem Kind, das geboren ist in jener Nacht?"

Der heilige Nikolaus hob die Augen: „Was schlägst du vor?“, fragte er.

Gabriel lächelte. Es war das weise und gütige Lächeln eines Engels, der schon viel gesehen hat und schon oft unterwegs war zu den Herzen der Menschen, und für den heiligen Nikolaus sah es fast ein wenig verschmitzt aus – dieses Lächeln des Erzengels, der doch zu den größten zählte unter den himmlischen Heerscharen.

Während also die beiden Himmlischen tiefsinnige Gespräche führten über den Lauf der Welt, hingen unten auf der Erde drei Menschen ihren ganz persönlichen Gedanken nach.

Die siebzehnjährige Barbara hatte Liebeskummer. Außerdem Ärger in der Schule und – eine logische Folge davon – Zoff daheim. Ob Jo sie wirklich liebte, hatte sie immer noch nicht herausgefunden, und wenn sie abends mit ihrer Clique in die Kneipe ging oder ins Kino, da wusste sie auch nicht so recht, was die anderen über sie dachten. „Du bist unser Mauerblümchen“, hatte Elke neulich im Scherz zu ihr gesagt. Seitdem war ihr Selbstbewusstsein endgültig in den Minusbereich abgesackt.

Noch einsamer fühlte sich Studiendirektor a.D. Ambrosius. Seit seine Frau gestorben war, hatte er sich verbittert zurückgezogen. Zu seinen früheren Kollegen suchte er keinen Kontakt mehr. Erst recht nicht zu den ehemaligen Schülern. Wie sinnlos doch alles gewesen war! 40 Jahre lang Hefte korrigiert. Literweise rote Tinte verbraucht. Tausende von Noten erteilt. Und was hatte das alles genützt? War die Welt irgendwie besser geworden? Ambrosius hatte keine Illusionen. Er machte sich nichts vor.

Genauso illusionslos war Frau Luzia. Mit 41 Jahren hatte sie gerade ihren Job verloren. Von ihrem Mann war sie schon lange verlassen worden. Die Neue war jünger und schöner und hatte Abitur. Ihr war nur die Tochter geblieben, die gerade in die zweite Klasse gekommen war. Gemeinsam hatten sie sich über Wasser gehalten – bis jetzt die Kündigung kam ... Frau Luzia sah die Dinge realistisch: Zwar hieß es immer, Krankenschwestern würden gesucht, aber da sie wegen der Kleinen nur vormittags arbeiten wollte, war sie für die meisten Stellen zu wenig flexibel. Eigentlich hatte sie immer nur Pech gehabt: in der Ehe genauso wie im Beruf. „Eine graue Maus“ hatte die Stationsschwester sie genannt und so fühlte sie sich auch: grau, klein und unscheinbar.

„Siehst du diese drei?“, wandte sich der Erzengel Gabriel an den heiligen Nikolaus. „Wie mag wohl deren Weihnachtsfest ausschauen?“

„Genau das meine ich ja“, brummte der heilige Nikolaus. Und wie im Selbstgespräch wiederholte er: „Keine Träume, keine Sehnsucht, keine Hoffnung!“

„Behalt sie im Auge“, sagte der Engel, „und morgen erzähle mir, was geschehen ist.“

Am nächsten Tag, als Gabriel gerade von einer Audienz bei der Jungfrau Maria zurückkam, winkte Nikolaus ihm bereits von Weitem zu. Sein weißer Bart zitterte vor Aufregung und die Augen leuchteten frisch und strahlend wie eh und je. „Ich habe unrecht gehabt“, rief er dem Erzengel zu. „Es gibt sie noch, die Träume, die Sehnsucht, die Hoffnung bei den Menschen. Mein Schlitten ist schon fast gepackt. Wie konnte ich nur so blind gewesen sein!“

„Was ist passiert?“, fragte Gabriel und ein leises, ganz und gar engelhaftes Lächeln zuckte verdächtig um seine Mundwinkel.

„Ich kann es mir selbst nicht erklären“, rief der heilige Nikolaus, „aber die drei sind nicht wiederzuerkennen. Bei Barbara hat nur einmal das kleine Ding in ihrer Tasche gepiepst, in das die Menschen immer hineinsprechen. Sie hat etwas von einer SMS vor sich hingemurmelt und etwas abgelesen, was auf dem Ding geschrieben stand. Ich konnte es von hier oben genau erkennen. ‚Hast du Zeit für mich?‘ Mehr nicht. Nicht einmal ein Absender stand dabei. Barbara grummelte etwas von Rufnummer-Unterdrückung, aber es schien ihr gar nichts auszumachen. Sie führte sofort drei Telefongespräche, und es dauerte nicht lange, da holten ein paar Freundinnen sie ab. Jo war übrigens auch dabei. Seitdem ist sie blendend gelaunt. Vorhin hat sie sogar ‚Jingle bells' vor sich hingesummt."

„Und was ist mit Ambrosius?", wollte Gabriel wissen.

„Bei dem ist es ähnlich", rief Nikolaus aus. „Heute morgen ging er noch wie immer zu seinem Briefkasten. Ich sah ihn, wie er eine Postkarte herauszog, auf der nur drei Worte standen. ‚Danke für alles.' Und wieder kein Absender dabei. Aber Ambrosius war wie verwandelt. Er verließ in seinem Sonntagsmantel das Haus, und ich hörte, wie er leise vor sich hin pfiff. Dann sah ich noch, wie er an der Haustür eines alten Kollegen klingelte und lachend eine Flasche Rotwein aus der Tasche zog, als dieser die Tür öffnete."

„Bleibt nur noch Frau Luzia", meinte Gabriel und bemühte sich um einen harmlos klingenden Tonfall.

„Die ist gerade in einem Bewerbungsgespräch", antwortete Sankt Nikolaus. „Du hast doch selbst gesehen, wie sie gestern noch drauf war. Doch heute ist etwas Merkwürdiges passiert: Sie hat kürzlich von einem Kollegen einen Adventskalender geschenkt bekommen und macht jeden Tag ein Türchen auf. Da findet sich dann ein goldener Stern mit einem Spruch aufgedruckt, von Goethe oder von Harald Schmidt oder Konrad Adenauer. Heute war sie besonders gespannt, weil doch Nikolaustag ist."

„Und was stand auf ihrem Stern?“, fragte Gabriel und schaute so unschuldig wie eines der kleinen Engelsgesichter in der Kirche.

„Es war nur ein Satz“, entgegnete Sankt Nikolaus: „‚Du hast mehr Möglichkeiten, als du ahnst.‘ Auch hier keine Angabe, von wem der Ausspruch stammt. Luzia bildete sich irgendwie ein, es sei eine Nikolausbotschaft, für sie ganz persönlich. Und sie griff sich sofort eine Stellenanzeige, die sie schon lange ausgeschnitten, aber ganz hinten ins Eck ihres Schreibtisches gelegt hatte, zog ihr neues Kostüm an, das mit den kräftigen Farben, und verließ eilig das Haus. So beschwingt habe ich sie lange nicht mehr über die Straße gehen sehen.“

„Dann brichst du also heute auf?“, fragte Gabriel leise.

„Natürlich, was denkst du denn!“, rief Nikolaus voller Tatendrang. „Sie brauchen mich doch, die Menschen. Damit die Träume nicht verstummen, damit die Sehnsucht nicht verloren geht, damit die Hoffnung nicht stirbt. Dafür haben wir doch Weihnachten!“

„Ja“, sagte Gabriel, „dafür haben wir Weihnachten.“ Und er lächelte dabei so strahlend, wie nur ein Erzengel es vermag.

Weiße Weihnacht

„Leise rieselt der Schnee. Still und starr ruht der See." So beginnt das Gedicht „Weihnachtsgruß", das der evangelische Pfarrer Eduard Ebel um das Jahr 1895 veröffentlicht hat. „Ein Kinderlied" hat er es im Untertitel genannt und es wurde zu einem unserer bekanntesten volkstümlichen Adventslieder. Schnee gehört zur Winterromantik. Fremd und wie verzaubert erscheint auf einmal die Welt. Ob es „weiße Weihnachten" gibt, beschäftigt deshalb jedes Jahr die Wetterforscher.

> Und immer fällt der Schnee
> In zarten Sternen.
> Deckt die weite Erde sacht.

So schreibt Francisca Stoecklin (1894–1931) in einem Gedicht. Die weißen Flocken, die vom Himmel auf die Erde herabschweben, faszinieren sie. „Schnee, zärtliches Grüßen der Engel", so deutet sie es in einem anderen Gedicht. Vielleicht hängen die romantischen Schnee-Gefühle mit dieser Sehnsucht zusammen, dass es eine Verbindung gibt zwischen Himmel und Erde. Von Frau Holle hat man uns Kindern erzählt, die ihre Betten schüttelt, wenn es schneit. Jenes andere Bild gefällt mir noch besser: Schnee, zärtliches Grüßen der Engel. „Weihnachtlich glänzet der Wald“, hatte Eduard Ebel sein Kinderlied fortgesetzt. Gerade an Weihnachten, wenn Himmel und Erde sich berühren, wird der Schnee zum Symbol für einen neuen geheimnisvollen Glanz der Welt. Auch Francisca Stoecklins Verse sprechen davon:

> Schnee, zärtliches Grüßen
> der Engel,
> schwebe, sinke –
> breit alles in Schweigen
> und Vergessenheit!
> Gibt es noch Böses,
> wo Schnee liegt?
> Verhüllt, verfernt er nicht
> alles zu Nahe und Harte
> mit seiner beschwichtigenden
> Weichheit, und dämpft selbst
> die Schritte des Lautesten
> in Leise?
> Schnee, zärtliches Grüßen
> der Engel,
> den Menschen, den Tieren
> weißeste Feier
> der Abgeschiedenheit

Vielleicht ist auch das ein Ausdruck weihnachtlicher Sehnsucht: dass aller Kummer zugedeckt werde, dass es nichts Böses mehr gibt und dass alles Harte und Laute verwandelt wird in Weichheit und Leise. Lieben wir deshalb „weiße Weihnachten"?

Winterlandschaft

Am Morgen der Blick aus dem Fenster
Vor mir: eine neue Welt
Verschwunden
die bekannten Konturen
die gewohnten Farben

Alles weiß
Zugedeckt Straßen und Häuser
zarte Decke über dem Schmutz
und den Steinen
Glanz in den Augen

Zugedeckt auch der Schmerz
und das hässliche Elend?
Verwandelt das Leid
und die Angst?
Neu das Leben?

Schnee, du verzauberst
Dein flüchtiges Bild
berührt mein Herz
mit der Ahnung
vom Morgen
der Schöpfung

... und ein wenig ein schlechtes Gewissen

Heute haben wir die erste Kerze angezündet. Der Advent ist da. Gerade noch rechtzeitig habe ich es geschafft, einen Adventskranz zu besorgen und vier Kerzen und ein paar Bänder. Jedes Jahr das Gleiche: Erst denkt man, es ist noch Zeit genug, aber dann ist er auf einmal da: der erste Advent.

Dieses Mal will ich mich nicht so abhetzen wie sonst. Morgen fange ich mit den Plätzchen an und nächste Woche kommen die Christstollen dran. Die Hälfte der Geschenke habe ich schon. Immerhin. Wenn nur zurzeit auf der Arbeit nicht so viel los wäre! Gegen Jahresende ballt es sich immer besonders. Und die Nerven liegen blank bei den Kolleginnen und vor allem beim Chef.

Aber egal: Zuerst kommt bei mir die Familie. Die Kinder sollen eine schöne Adventszeit erleben.

In meiner Kindheit waren diese Tage für mich immer etwas Besonderes. Irgendwie geheimnisvoll und aufregend. Ob mein Mann das mit dem Puppenhaus noch hinkriegt? Ausgerechnet jetzt muss er für eine Woche ins Ausland! Hoffentlich fällt nicht noch mehr Schnee. Die Räumarbeit kostet mich täglich fast eine Stunde. Die Wohnung ist auch noch nicht geputzt. Es soll ordentlich aussehen, wenn die Schwiegereltern zu Besuch kommen.

Advent als Chance der Entschleunigung – das war das Predigtthema im Adventsgottesdienst. Wir sollen uns Zeit nehmen, uns auf das zu besinnen, was wirklich zählt, hatte der Pfarrer gemeint. Zur eigenen Mitte finden, aus den wahren Quellen schöpfen, aus denen wir leben – das habe ich behalten. Gerne würde ich es tun: zur Ruhe kommen, den Gedanken nachhängen, lesen, träumen, meditieren. Aber wer kümmert sich um die Kinder, richtet das Essen, bereitet die Wohnung für die Gäste vor, besorgt die Geschenke und den Weihnachtsbaum, bügelt, kauft ein, besucht die Adventsfeier der Kinder in der Grundschule und schaut, ob der Vater etwas braucht?

Eigentlich stelle ich mir den Advent ganz anders vor. Und ich bekomme schon ein wenig ein schlechtes Gewissen, wenn mir in den Ansprachen immer wieder die „Zeit der Stille und der Besinnung“ vor Augen gestellt wird. Es wäre schön. Einmal aufatmen dürfen. Einfach da sein, ohne dass einer etwas von mir will. Das würde mir genügen – auch ohne spirituelles Adventsprogramm.

Seht, neuer Morgen in unsrer Nacht

Morgenglanz der Ewigkeit

Morgenglanz der Ewigkeit,
Licht vom unerschaffnen Lichte,
wir stehen jetzt in dunkler Zeit
hier vor deinem Angesichte,
du vertreibst durch deine Macht
unsre Nacht.

Stärke uns mit deiner Kraft,
komm, du Lichtstrahl aus der Höhe,
dass alles, was uns Kummer schafft,
und alle Angst und Not vergehe.
Gib uns Trost und Zuversicht
durch dein Licht.

Halte uns in deiner Hand
und alle, die den Tag erleben;
zeige uns das neue Land,
damit wir uns vom Schlaf erheben,
deinem Licht entgegenschaun
und vertraun.

Licht, das keinen Abend kennt,
leuchte uns auf unseren Wegen.
Christus, wer deinen Namen nennt
und sich birgt in deinem Segen,
den führe heim aus dem Gericht
in dein Licht.

Frei nach Maria Luise Thurmair,
„Morgenglanz der Ewigkeit“

Adventsbilder

Advent – stille Zeit. Glühwein trinken bei Kerzenlicht, Gemütlichkeit an Winterabenden, Weihnachtslieder und Besinnlichkeit. So malt man es uns: das Bild des Advents.

Doch könnte der Advent nicht auch ganz anders sein? Ist er nicht die Zeit der Prophetenworte, der großen Erwartungen, der Hoffnung, dass alles anders wird? In der Wüste soll ein Weg gebahnt werden, Berge werden sich senken und Täler heben, was krumm ist, wird gerade, wankende Knie werden wieder fest, Verzagte schöpfen Mut, der Lahme springt wieder wie ein Hirsch, die Zunge des Stummen jubelt. Das sind die biblischen Bilder des Advents. Wo Gott nahe ist, bleibt nichts mehr, wie es war. Überraschende Veränderungen geschehen. Verheißungen locken. Uralte Sehnsucht erfüllt sich. In der Wüste sprudelt frisches Wasser und im dürren Land sprießen die Saaten. Wo Gott nahe ist, können Wunder geschehen.

So gesehen ist der Advent die Zeit der Überraschungen, der Aufbrüche und neuen Wege, der gewagten Träume und der verrückten Hoffnungen. Wenn Gott kommt, bläst der Wind der Veränderung, und er ist ein frischer Wind für unser Leben.

Mein Adventsbild ist ein Gegenvorschlag zu Gemütlichkeit und besinnlicher Stille. Es ist ein Adventskalender mit 24 Türchen, wie ihn die Kinder haben. Ich lade Sie ein, diesen Adventskalender selbst zu gestalten. Hinter jedem Türchen wartet eine Überraschung. An jedem Tag sollten Sie etwas Verrücktes tun, einmal über Ihren Schatten springen, eine neue Farbe ins Leben bringen: in Ihr eigenes oder in das eines anderen Menschen. Ein unverhoffter Besuch, ein unerwarteter Anruf, eine Einladung, ein Ausflug zu einem ungewöhnlichen Ziel – viele Möglichkeiten gibt es, die 24 Türchen, die 24 Tage zu füllen. Wo wir wirklich mit der Nähe Gottes rechnen, kommt in Fluss, was festgefahren scheint, werden wir fähig, ungeahnte Dinge zu tun, erfahren wir, was Phantasie, Mut und Liebe verändern können, entdecken wir, dass die Welt bunter und unser Leben reicher ist, als wir je zu hoffen wagten.

„Seht neues Leben, seht neue Welt", singen wir in einem Adventslied, „Gott befreit sein Volk, schon kommt er herbei." Mein Adventsbild müsste so gemalt sein, dass es Lust macht auf dieses neue Leben.

Manchmal kann ein Wunder geschehn

Zwei Zeitungsausschnitte habe ich aufbewahrt. Am Heiligen Abend 1998 ist im US-Bundesstaat New Mexico die 42-jährige Patricia White Bull aus dem Koma erwacht. 16 Jahre lang war sie bewusstlos. Schuld war ein Atemstopp, den sie bei der Kaiserschnitt-Geburt ihres Sohnes erlitten hatte. Erstmals konnte sie jetzt ihren mittlerweile 16-jährigen Sohn Mark umarmen. Ähnlich ein Fall aus dem US-Staat Arkansas. Dort hatte Terry Wallis 1984 einen Autounfall erlitten und lag seitdem querschnittsgelähmt und ohne Bewusstsein in einem Pflegeheim. 19 Jahre später, im Sommer 2003, schlug er die Augen auf und begrüßte seine Mutter mit dem Wort: „Mom". Von da ab ging es ihm täglich besser und er fand seine Sprache vollständig wieder.

Ich liebe solche Geschichten. Sie machen mir Mut, nie die Hoffnung aufzugeben. Gegen alle Statistik, gegen alle medizinischen Vorhersagen geschieht manchmal ein Wunder. Wir können es nicht erklären, wir dürfen vielleicht nicht einmal damit rechnen, aber es kann geschehen.

Die Bibeltexte des Advents sprechen von solchen Wundern: Ein besiegtes Volk, dessen Führungselite in die Verbannung geschickt wurde, darf auf Befreiung hoffen. In der Gefangenschaft von Babylon träumt es von einem neuen Anfang. Als später wirklich der Perserkönig Kyros die Rückkehr erlaubt und der Tempel von Neuem aufgebaut wird, ist dies wie ein Wunder.

Von „Wunder“ sprechen wir, wenn etwas geschieht, das nach menschlichem Ermessen, nach menschlicher Voraussicht, nach menschlichen Möglichkeiten nicht zu erwarten ist. Auch Weihnachten wird in der Sprache der Frömmigkeit ein Wunder genannt. Denn das Undenkbare ist geschehen: Gott selbst kommt in die Welt, teilt sich ihr mit, wird geboren als Kind. Dass dies menschliche Möglichkeiten übersteigt, wird unter anderem durch das theologische Motiv deutlich, dass es eine Jungfrau ist, die dieses Kind zur Welt bringt. Es ist nicht ableitbar aus den üblichen Mustern von Zeugung und Geburt. Die „Kraft Gottes“ ist hier im Spiel.

Komapatienten erlangen wieder das Bewusstsein, Gefangene kehren zurück und ein verlorenes Volk findet wieder zu sich selbst. Eine Jungfrau bekommt ein Kind, Gott wird Mensch, ein gekreuzigter Toter wird auferweckt zu neuem Leben. Die Adventszeit lädt uns ein, damit zu rechnen, dass Gott mehr Möglichkeiten hat, als wir ahnen.

Aufbrechen

Wachet auf, ruft uns die Stimme.
Macht hoch die Tür, die Tor macht weit.
Seht, neuer Morgen in unsrer Nacht ...
Der Stimme lauschen mit neuer Wachheit
Das Herz öffnen für den, der kommt
Der Sehnsucht folgen und an den Morgenstern glauben,
der aufgegangen ist in der Nacht
Die Tränen kommen lassen
und den Schmerz nicht verdrängen,
der uns das Herz schwer macht,
weil so vieles verloren ist
seit den Tagen der Kindheit
Dann kann sich vielleicht lösen, was hart geworden ist
oder was immer noch weh tut wie eine alte Wunde
Und über die Narben von einst
legt seine sanfte Hand der Engel
Und es klingt aus dem Dunkel das Lied der Hoffnung
Und es erwacht von Neuem
der alte Traum vom Frieden auf Erden
Und von dem Kind, das
geboren ist in der Nacht.

Er kommt

„Und wenn er aber kommt? – Dann laufen wir davon"
So endet das Kinderspiel vom „Schwarzen Mann"
Auch der Advent stellt die Frage: Wenn er aber kommt?
Wenn er wirklich kommt
der Verheißene, der Langersehnte, der Messias,
der Herr –
Laufen wir davon? Ignorieren wir seine Ankunft?
Bekommen wir davon überhaupt etwas mit?
Wer weiß schon, wie er kommt?
Bestimmt nicht senkrecht vom Himmel –
Auf unscheinbaren Wegen kommt er – wie damals
durch Stalltüren tritt er ein
sitzt wartend an meinem Weg
wandert durch meine Gedanken
pocht als Herzschlag tief innen
und auch draußen
höre ich seine Schritte

Einmal wird er kommen
Unausweichlich werde ich ihm begegnen
in jener Stunde
wenn der Vorhang sich schließt und gleichzeitig öffnet
Und geblendet von Licht
spüre ich zart
meine Hand in seiner

Aufwachen

Stellenanzeigen in der Zeitung sind sorgfältig formuliert. Wenige Zeilen beschreiben ein Anforderungsprofil. Die Leser entnehmen daraus, welche Eigenschaften und Fähigkeiten von einem Bewerber erwartet werden.

Wie sieht ein Anforderungsprofil aus, das einen Christen beschreibt? Jeder hat hier sein eigenes Bild, gespeist aus Erziehung, persönlichem Standpunkt und zahlreichen Begegnungen mit Christen. Hilfsbereit soll er sein, unser Musterchrist, ehrlich und zuverlässig, natürlich auch gläubig und fromm, ein friedlicher Mensch, bereit zu verzeihen, und engagiert für Gerechtigkeit und eine bessere Welt.

Jesus setzt einen anderen Schwerpunkt: „Seid wachsam!" Im Evangelium des 1. Adventssonntags wird uns das entgegengerufen. Wachsamkeit als Grundeigenschaft eines Christen – „Kernkompetenz" würde man es in heutigen Stellenbeschreibungen nennen. Wachsamkeit ist für Jesus deshalb so wichtig, weil er die Endzeit gekommen sieht. Gottes Kommen steht unmittelbar bevor. Verschlaft nicht die Stunde der Entscheidung! Das schärft er seinen Jüngern ein. „Haltet euch bereit!" (Mt 24,44). „Seht euch vor und bleibt wach!" (Mk 13,33).

„Ruhe ist die erste Bürgerpflicht" – dieser vor mehr als 200 Jahren nach einer verlorenen Schlacht an die Einwohner Berlins gerichtete Satz eines preußischen Ministers wurde zum Motto der Biedermeierzeit. Paulus dagegen schreibt an die Römer: „Die Stunde ist gekommen, aufzustehen vom Schlaf" (Röm 13,11: Lesung am 1. Adventssonntag, Lesejahr A). Wachsamkeit ist die erste Christenpflicht.

Die zeitbedingte Naherwartung des Kommens Gottes und des Endes der Welt, die wir von Jesus und den ersten Christen hören, können wir nach 2000 Jahren so nicht nachvollziehen. Aber in anderer Form gilt sie auch heute. Jeder Augenblick ist doch eine einmalige und unwiederbringliche Chance, Gott zu begegnen. In jedem Moment unseres Lebens kommt er auf uns zu, will unser Herz berühren, nimmt Beziehung auf zu uns. Und auch das wissen wir: In jedem Augenblick kann es geschehen, dass unser Leben endet und wir Gott entgegentreten durch das Tor des Todes. Dann bricht er an, der „Tag des Herrn", und die Mahnung Jesu, seine Jünger sollten sich davon nicht im Schlaf überraschen lassen, bekommt auf einmal eine ganz andere Färbung.

Advent ist die Zeit, sich neu in die Wachsamkeit einzuüben. Das „Kommen Gottes", von dem in dieser Zeit so oft die Rede ist, meint nicht nur sein Kommen am Ende der Zeiten oder sein Kommen im Tod. Jeder

Augenblick ist Gottesbegegnung. In jedem Erlebnis ist er verborgen, in jedem Menschen begegnet er uns, in jeder Situation ist er gegenwärtig und kommt auf uns zu. Alfred Delp schreibt im Nazigefängnis kurz vor seinem Tod: „Die Welt ist Gottes so voll. Aus allen Poren der Dinge quillt er uns gleichsam entgegen. Wir aber sind oft blind." Deshalb der Wach-Ruf der Evangelien, deshalb die Adventszeit als Einladung, uns mit neuer Aufmerksamkeit dafür zu öffnen, dass Gott in unser Leben kommt.

Ehrlicherweise wird man eingestehen müssen, dass die Christen nicht gerade das Image haben, besonders aufgeweckte Menschen zu sein. Sie gelten eher als ein bisschen schlafmützig und nicht ganz auf der Höhe der Zeit. Für Jesus dagegen ist Wachheit ein Erkennungszeichen der Christen. Nicht zufällig ist auch „Auferweckung" ein zentraler Begriff des christlichen Glaubens. Immer wieder outet sich Gott als „Liebhaber des Lebens" (Weish 11,26). Den gekreuzigten Jesus ruft er aus dem Tod zu neuem Leben und das wird zum Schlüsselereignis für die Christen: „Ihr seid mit Christus auferweckt", ruft Paulus den Kolossern zu (Kol 3,1). Lebendigkeit, Kreativität, Spontaneität, wache Aufmerksamkeit sind daher christliche Kernkompetenzen. Christen sind sensibel für das, was um sie herum vorgeht. Sie haben offene Augen und offene Ohren, ein offenes Herz.

Die Adventszeit ist ein Gegenmittel gegen Abstumpfung und Gleichgültigkeit. Die Schwerhörigkeit gegenüber Gottes Stimme bekämpften schon die Propheten. Mein Knecht Israel ist blind und taub geworden, klagt Jesaja. „Vieles sieht er, aber er beachtet es nicht; die Ohren hat er offen und doch hört er nicht" (Jes 42,20). Zeiten wie der Advent bieten die Chance, Routinen zu verlassen, aus Gewohnheiten auszusteigen, Scheuklappen vor den Augen und Stöpsel in den Ohren abzunehmen. Im Advent kann die schleichende Verhärtung des Herzens gestoppt und rückgängig gemacht werden. Gottes Geist selbst kann über uns kommen, er, von dem wir bekennen, dass er „der Herr ist und lebendig macht". Er öffnet uns die Augen, weckt uns das Ohr.

Die Adventszeit bringt das Anforderungsprofil für Christinnen und Christen auf den Punkt. Paulus hat es in einem Brief an die Epheser so zusammengefasst: „Wach auf, du Schläfer, und steh auf von den Toten, und Christus wird dein Licht sein" (Eph 5,14).

Wenn Du kommst

Mut und Vertrauen für alle, die in Not sind
Frisches Wasser allen, die sich dürr und kraftlos fühlen
Licht den Blinden
Lieder den Stummen
Sprungkraft den Lahmen

Alles ändert sich, wenn Er kommt

Verheißung liegt in der Luft
Herzklopfen
Kribbeln im Bauch
Was war, war noch lange nicht alles
Was ist, muss nicht so bleiben

Alles ändert sich, wenn Er kommt

Blinde sehen, Lahme gehen
Selbst meine Füße, die schweren
Fangen an zu tanzen
Das Lied der Hoffnung
Und die Augen, getrübt von Tränen
Fangen an zu leuchten

Wenn Er kommt

Sogar über den Gräbern
Das Grün des Lebens
Was war, war noch lange nicht alles
Was ist, muss nicht so bleiben
Und selbst für mich mit der Zahl meiner Jahre
Fängt jeden Tag das Leben neu an

Alles ändert sich, wenn Er kommt

Mein Herz – nicht mehr blind und taub
Meine Schritte – nicht mehr müde und wie gelähmt
Meine Gefühle – nicht mehr verdorrt und versteinert

Alles ändert sich, wenn Du kommst

Warten

Sehnsucht

„Du darfst vom Leben nicht zu viel erwarten.“ Ein Ratschlag, um Enttäuschungen zu vermeiden. Die Adventszeit verkündet das Gegenteil: Ihr könnt vom Leben gar nicht genug erwarten. Es wird einer kommen, der eure tiefsten Träume noch übertrifft.

Von einem Mädchen aus der Hafenstadt Piräus singt ein alter Schlager. Täglich geht es an den Strand und schaut hinaus aufs Meer, und ihre Sehnsucht wiederholt der Refrain: „Ein Schiff wird kommen, und das bringt mir den einen, den ich so lieb wie keinen und der mich glücklich macht. Ein Schiff wird kommen und meinen Traum erfüllen und meine Sehnsucht stillen, die Sehnsucht mancher Nacht.“

Dieser Schlager könnte ein Adventslied sein. Es singt von der Sehnsucht und von der Nacht und davon, dass einer kommen wird, der die Liebe bringt und der glücklich macht. Tatsächlich hat schon vor 500 Jahren ein altes Kirchenlied mit dem Bild vom Schiff in Worte gefasst, was an Weihnachten geschieht: Gott überquert das Meer der Unendlichkeit. Er wirft den Anker aus und betritt das Land der Menschen. „Es kommt ein Schiff, geladen bis an sein’ höchsten Bord, trägt Gottes Sohn voll Gnaden, des Vaters ewigs Wort.“

Wenn wir am Ufer unseres Lebens stehen und Ausschau halten nach der Liebe und dem Glück, dann mag die Botschaft des Advents unser Herz berühren: Er ist unterwegs zu uns.

Erwartung

„Man ist so alt, wie man sich fühlt“, sagen wir manchmal. Sollte tatsächlich unser Alter nicht von der Zahl der Jahre abhängen, sondern von unserem inneren Schwung, von unserem Lebensgefühl?

Ich glaube, da ist was dran. Denn ich kenne alte Menschen, die sind so wach, so voll Begeisterung, dass sie geradezu jugendlich wirken. Und ich kenne junge Menschen, die sind so antriebslos, so uninteressiert, dass sie mir uralt vorkommen.

Ich glaube, wirklich alt ist, wer nichts mehr vom Leben erwartet, wer keine Hoffnung hat, wer keinen Stern mehr vor sich sieht, der ihn anlockt. Mit müden Schritten den längst gewohnten Pfaden folgen, ohne Höhepunkte, ohne Träume – dann hat das Alter begonnen.

Mit dem Advent verkünden die Kirchen die Botschaft: Du hast noch etwas zu erwarten im Leben, ja du kannst gar nicht genug erwarten.

Der Advent ist dazu da, dass die innere Quelle wieder zu sprudeln beginnt, dass wir im Herzen wieder das Feuer spüren und am Himmel den Stern wieder entdecken, dem wir einst gefolgt sind. Und das ist nun wirklich keine Frage des Alters.

Warten auf Gott

Ein Mann, so erzählt eine Geschichte, träumte, dass Gott in sein Haus kommen wollte.

Als er erwachte, war er ganz aufgeregt. Er rannte durch die Zimmer, lief die Stiegen auf und ab, kletterte zum Dachboden hinauf und stieg in den Keller hinunter. Und er war erschrocken über das, was er sah: „Unmöglich!“, stöhnte er. „Hier kann man keinen Besuch empfangen: Alles schmutzig. Kein Platz zum Ausruhen. Keine Luft zum Atmen.“

Er riss Fenster und Türen auf. „Brüder! Freunde!“, rief er. „Helft mir aufzuräumen – irgendeiner! Ich bekomme Besuch.“

Er begann, sein Haus sauber zu kehren. Durch dicke Staubwolken sah er, dass ihm einer zu Hilfe gekommen war. Sie schleppten das Gerümpel vor das Haus, schlugen es klein und verbrannten es. Sie schrubbten Stiegen und Böden. Sie brauchten viele Kübel Wasser, um die Fenster zu putzen. Und immer noch klebte der Dreck an allen Ecken und Enden.

„Das schaffen wir nie!“, schnaufte der Mann.

„Das schaffen wir!“, sagte der andere.

Sie plagten sich den ganzen Tag. Als es Abend geworden war, gingen sie in die Küche und deckten den Tisch.

„So“, sagte der Mann, „jetzt kann er kommen, mein Besuch! Jetzt kann Gott kommen. Wo er nur bleibt?“

„Aber ich bin ja da“, sagte der andere und setzte sich an den Tisch.

Gott kommt oft anders, als du denkst.
Einst kam er als Kind
in der Nacht,
in einem Stall.
Unerkannt von den meisten.
Nur die Hirten
vernahmen die Stimme des Engels.
Manchmal geschieht es auch uns,
dass mitten im Tag,
mitten in der Stadt,
mitten im Leben
sein Ruf uns erreicht.
Und tief im Herzen
spüren wir:
Du bist da.

Zukunft

Wir warten
was kommt
halten Ausschau
mit Augen der Sehnsucht
wissen selbst nicht genau
was es ist
und warum
wir es brauchen
Aber
es muss doch
noch etwas kommen
denn sonst
haben wir nichts
zu erwarten

Gabriels große Stunde

Gabriel hatte keine weiteren Anweisungen erhalten. Aber als Erzengel war er gewohnt, Verantwortung zu übernehmen und Dinge selbstständig zu regeln. Es begann mit einer Botschaft, die er einem Mädchen in Nazaret ausrichten sollte. Die Geburt eines Sohnes kündigte er ihr an. „Er wird groß sein und Sohn des Höchsten genannt werden. Gott, der Herr, wird ihm den Thron seines Vaters David geben. Er wird über das Haus Jakob in Ewigkeit herrschen, und seine Herrschaft wird kein Ende haben."

Natürlich war Maria etwas verwirrt. Ist ja auch kein Wunder. Plötzlich ein Engel vom Himmel in der Stube, und dann auch noch diese überraschende Schwangerschaft!

Da scheint wirklich eine größere Sache im Gang zu sein. Wenn er, der Erzengel persönlich, nach Nazaret ... aber naja, Bote ist schließlich sein Beruf. Zum Glück hat sich das Mädchen nicht lange geziert. Der Hinweis auf den Heiligen Geist hat sie wohl überzeugt. Aber trotzdem. Sie scheint ein wenig überfordert, die Kleine. Und Josef? Den lassen wir am besten ganz aus dem Spiel. Notfalls bekommt er im Traum einen Tipp, falls er Schwierigkeiten machen sollte.

Am besten ist es, die Sache gleich selbst in die Hand zu nehmen, unter Erzengelsfittiche sozusagen. Neun Monate bleiben noch Zeit. Bis dahin muss alles geregelt sein. Herodes wird seinen Palast räumen müssen, um ihn der Heiligen Familie zur Verfügung zu stellen. Vielleicht lässt sich auch ein Sternzeichen am Himmel anbringen, um die Könige und Weisen der Völker auf das Ereignis aufmerksam zu machen. Wenn sie rechtzeitig von ihren Höfen aufbrechen, kann bei der Geburt eine ansehnliche Schar zur Huldigung versammelt sein. Der Kaiser selbst muss heranpilgern. Seine Herolde werden die Nachricht im ganzen Reich verkünden, Posaunen werden erklingen, Jerusalem wird strahlen im Glanze von Blumen und Fahnen, der ganze Erdkreis wird sich rüsten ...

Gabriel lächelte. Auch sein bescheidener Beitrag würde nicht vergessen werden. Voller Tatendrang breitete er seine Flügel aus und entschwebte ...

Warte-Zeit

Der Advent hat begonnen: Zeit der Erwartung. Doch längst sind die Christbäume auf den Marktplätzen aufgestellt, klingen Weihnachtslieder aus den Lautsprechern der Kaufhäuser. Warten können ist out. Geduld zählt nicht mehr zu den Tugenden. Alles sofort! Fastfood ist angesagt. Beim Essen genauso wie in der Liebe. Ex und hopp.

Eigentlich schade. Es war doch gerade die Vorfreude, die uns als Kindern den Advent so zauberhaft schön erscheinen ließ. Täglich ein neues Fensterchen im Adventskalender – 24 Tage lang. Jeden Sonntag ein Licht mehr auf dem Adventskranz – bis endlich die vierte Kerze brennt.

Ich glaube, unser Leben wird reicher, wenn wir die Kunst des Wartens wieder lernen. Zeit lassen, genießen können, die Spannung aushalten. Dann beginnt auch die Sehnsucht wieder zu wachsen, und tief in uns spüren wir den Atem des Lebens, den zarten Duft von Weihnachten.

Längst erwartet

Schon zum dritten Mal ging Schwester Gudrun am Zimmer von Frau W. vorbei und schaute vorsichtig durch die angelehnte Zimmertür. Die 85-jährige Dame saß immer noch still an ihrem Tisch in dem kleinen Zimmer des Seniorenheims, das sie seit zwei Jahren bewohnte. Sie blätterte in einem Album mit vergilbten Fotos, nippte ab und zu an ihrer Tasse Tee und schaute hin und wieder auf die Uhr. Die Kerzen am Adventskranz waren schon ein gutes Stück heruntergebrannt und draußen war es längst dunkel geworden.

Schwester Gudrun wusste: Frau W. wartete auf ihren Sohn. Schon vor Tagen hatte sie ihr erzählt, dass er sie am dritten Adventssonntag besuchen wolle. Er wohnte in einer 200 km entfernten Stadt und kam nur zwei bis drei Mal im Jahr aufs Land in das kleine Seniorenheim zu seiner Mutter. „Er ist beruflich viel unterwegs", hatte Frau W. entschuldigend zu Schwester Gudrun gesagt, „da ist er froh, wenn er sich am Wochenende mal nicht ins Auto setzen muss."

Frau W. wartete schon fast zwei Stunden. Sie wartete mit Tee und Plätzchen. Sie wartete mit ihrer Festtagstischdecke und einem Adventskranz mit brennenden Kerzen. Sie wartete auf ihren Sohn, den sie vor 55 Jahren geboren hatte. Sie hatte schon oft auf ihn gewartet: vor der Tür des Kindergartens, wenn sie ihn täglich dort abholte; auf der Bank im Wartezimmer des Krankenhauses, als er den schweren Unfall hatte; daheim in der Küche, wenn er von einer wichtigen Prüfung oder einem Bewerbungsgespräch zurückkam. Schlaflos war sie oft bis spät in die Nacht wach gelegen, wenn er mit dem Auto unterwegs war, und hatte aufgeatmet, wenn sie seinen Schlüssel in der Haustüre hörte.

Jetzt wartete sie wieder. „Vielleicht ist ihm etwas dazwischengekommen? Es wird doch nichts passiert sein!“ Sorge mischte sich in ihre Gedanken, und auch ein wenig Traurigkeit machte sich breit. Sie spürte die Müdigkeit in ihrem Körper, mehr noch vielleicht in ihrem Herzen. Sie glaubte Stimmen auf dem Gang zu hören, vernahm, wie Schwester Gudrun am Telefon sagte: „Das tut mir aber leid. Ihre Mutter hatte sich schon so gefreut.“ Sie hörte, wie Schwester Gudrun die Zimmertür öffnete, nahm wahr, wie sie sachte die Adventskerzen ausblies, sah den traurigen Blick, den sie ihr zuwarf, und spürte, wie es ihr selbst ganz wehmütig ums Herz wurde.

Und ihre Gedanken wanderten zurück, als ihr Sohn noch ein kleiner Junge war: Wie sie Plätzchen mit ihm gebacken hatte im Advent, und wie er sprachlos gestaunt hatte, als eine kleine elektrische Eisenbahn unter dem Weihnachtsbaum stand. Und sie sah ihn vor sich, wie er damals seine neue Freundin vorgestellt hatte, die später seine Frau wurde, erinnerte sich an seine Abiturfeier und das große Fest zu seinem fünfzigsten Geburtstag und an das letzte Weihnachten, das sie vor drei Jahren noch gemeinsam in ihrer Wohnung gefeiert hatten. Sie tauchte ein in die Welt der Erinnerungen, der Erinnerungen an das, was einmal ihr Leben gewesen war, und als sei ein Vorhang weggezogen, erkannte sie auf einmal, wie sie ein Leben lang immer gewartet hatte, und diese Erkenntnis erfüllte sie mit einem merkwürdigen Schrecken, als habe sie in ihren 85 Jahren doch das Wesentliche verpasst und immer nur im Warteraum gelebt, weil sie immer nur an andere gedacht hatte und nie an sich selbst. Es schien ihr, als sei nun diese Stunde, in der sie vergeblich auf ihren Sohn wartete, wie ein Symbol für dieses ganze nun bald zu Ende gehende Leben, das im Warteraum verrinne und vergehe, und als sei sie selbst jetzt schon vergangen und vergessen.

Das Erste, was sie sah, als sie die Augen wieder öffnete, war das Lächeln ihres Sohnes, so strahlend, wie er schon als kleiner Junge gelächelt hatte, wenn er sie mit etwas überraschte.

„Ich konnte leider erst später kommen“, sagte er leise, „da musst du wohl eingenickt sein.“

Und sie merkte, dass es ein Traum gewesen war und dass sie, während sie noch zu warten glaubte, längst selbst erwartet wurde. Und sie geriet einen Moment lang in tiefes Staunen über diese wunderbare Entdeckung, und wie nebenbei nahm sie wahr, dass die Adventskerzen immer noch brannten.

… und so leuchten auch wir

Im Schatten deiner Flügel

Ein 38-jähriger Mann liegt auf der Palliativstation. Er hat einen bösartigen Hirntumor und voraussichtlich nur noch einige Wochen zu leben. Ein letzter großer Wunsch bewegt ihn: Er möchte sich auf die Schultern Engelsflügel tätowieren lassen. Das Tattoo sollen Tätowierer des berühmten Miami Ink-Studios anfertigen.

Seine Frau und seine Kinder, seine Freunde und Mitarbeiter der Palliativstation wollen ihm den Wunsch erfüllen. Ein Spendenaufruf erscheint in der Regionalzeitung und sorgt für Diskussionen. Am 4. Januar 2010 bringt die Zeitung einen Bericht, in dem der tätowierte Rücken gezeigt wird: zwei große Engelsflügel bedecken ihn. Über Weihnachten waren zwei Miami Ink-Mitarbeiter aus Florida nach Deutschland geflogen und hatten in einer dreistündigen Sitzung das Tattoo gestochen. Der Kranke war glücklich. Im Interview gab er an, neue Kraft für das bevorstehende Schicksal geschöpft zu haben: „Dann werde ich sehen, wie die Flügel mich tragen."

Engelsflügel als Hoffnungssymbol. Die tiefe Sehnsucht, dass mich etwas trägt durch den Tod hindurch und über den Tod hinaus. Der Glaube daran, dass ich nicht fallen gelassen bin, dass mir im Sterben Flügel wachsen, die mich hinübertragen in eine andere Welt.

„Birg mich im Schatten deiner Flügel", hatte schon vor fast 3000 Jahren der Beter des 17. Psalms Gott angefleht, und im 91. Psalm vertraut ein anderer Beter auf Gottes Hilfe: „Er beschirmt dich mit seinen Flügeln, unter seinen Schwingen findest du Zuflucht, Schild und Schutz ist dir seine Treue."

Engel spielen in der Advents- und Weihnachtszeit eine große Rolle. Gabriel verheißt Maria die Geburt Jesu, zweimal erscheint ein Engel des Herrn Josef im Traum, und den Hirten auf dem Felde verkündet der Engel eine große Freude: Heute ist euch in der Stadt Davids der Retter geboren.

Engel sind in der Bibel Boten Gottes. Sie überbrücken den Abstand zwischen Himmel und Erde, zwischen Gott und Mensch. Deshalb werden sie mit Flügeln abgebildet. Sie verkörpern das Handeln Gottes, lassen symbolisch Gestalt werden, dass Gott zu den Menschen spricht, dass Gott schützt, rettet und richtet.

Ob sie eigene Wesen sind oder bildhafte Übersetzungen dafür, was Gott tut und wie er an den Menschen handelt, das ist zweitrangig. Engel sind Ausdruck dafür, dass unsere Welt kein geschlossenes System ist, dass es mehr Dinge zwischen Himmel und Erde gibt, als unsere Schulweisheit sich träumen lässt, dass Gottes Mund zu uns sprechen und Gottes Hand uns berühren kann.

Insofern ist das Flügel-Tattoo auf der Schulter des Kranken vielleicht auch ein Glaubensbekenntnis: Unsere himmlische Bestimmung, unsere göttliche Berufung ist tief in unsere Seele eingeschrieben, eingeritzt in unsere Haut. Wir gehören dem Himmel, nicht dieser Erde, und diese Verbindung wird auch im Tod nicht abreißen.

Auf der Suche nach dem Größten

Selten wurde eine ZDF-Sendereihe so heftig diskutiert wie die Show „Unsere Besten – Wer ist der größte Deutsche?“ aus dem Jahr 2003. Zunächst konnten Zuschauer per Internet, Telefon, Postkarte oder SMS Vorschläge einreichen. Mit den hundert am häufigsten genannten Namen startete die erste von sieben Sendungen.

Schon diese Auswahl war voller Überraschungen: Literaturnobelpreisträger Günter Grass meisterte die Hürde der besten Hundert nicht, während Daniel Küblböck, damals durch eine Castingshow kurzzeitig bekannt gewordener Promi-Jugendlicher, dank seiner Fans auf Platz 16 rangierte und damit sogar Ludwig van Beethoven hinter sich ließ.

Überhaupt hatten feste Gruppen mit organisierter Stimmabgabe sehr großen Einfluss. Angeblich hievte die Belegschaft der Firma Bosch Robert Bosch auf Rang 14, und Adolph Kolping schaffte es dank des Kolpingwerks sogar auf Platz 11. Die Auftaktsendung stellte im Schnelldurchlauf alle 100 Personen vor, verfolgt von über 5 Millionen Zuschauern. Von Uwe Seeler auf Platz 100 über die Trümmerfrauen auf Platz 88 und Alice Schwarzer auf Platz 23 reichte die Namenskette schließlich auch zu den großen Klassikern wie Johann Wolfgang von Goethe und Johann Sebastian Bach.

Die zehn Meistgenannten wurden anschließend in fünf Doku-Shows ausführlich vorgestellt. Zu ihnen gehörten unter anderen Albert Einstein, Otto von Bismarck, Johannes Gutenberg, Willy Brandt und die Geschwister Scholl. An der Endabstimmung, die in der Schlusssendung erfolgte, beteiligten sich 3,3 Millionen Zuschauer. Sieger wurde mit großem Abstand Konrad Adenauer, gefolgt von Martin Luther und Karl Marx. Die Geschwister Scholl belegten den vierten Platz.

Natürlich gab es hitzige Debatten, was es über eine Gesellschaft aussagt, die Dieter Bohlen und Thomas Gottschalk für bedeutender hält als Albertus Magnus oder Immanuel Kant. Am Ende waren es aber wirklich Große, die die Top Ten besetzten. Die Zuschauer hatten ein gutes Gespür dafür bewiesen, was wirklich zählt.

Worauf kommt es an im Leben? Was macht einen Menschen groß? Solche Fragen sollen gerade im Advent ihren Platz haben. Die vermeintlichen Lichtgestalten können dann ganz schnell verblassen. Im Advent läuft alles darauf zu, dass es am Ende ein Kind ist, das sich als Retter, als Herr der Welt erweist. Eine Umfrage im damaligen Römischen Reich hätte wohl Kaiser Augustus als strahlenden Sieger auf Rang 1 platziert. Der Evangelist Lukas erzählt seinen Gegenentwurf vom Kind im Stall, bei dessen Geburt die Engel den wahren Frieden auf Erden verkünden. Jeder Tag des Advents will uns einstimmen, will uns lehren zu sehen, worauf es wirklich ankommt.

Und so leuchten auch wir

Von Hermann Claudius, einem Urenkel des bekannten Dichters Matthias Claudius, stammt folgendes Adventsgedicht:

Immer ein Lichtlein mehr
im Kranz, den wir gewunden,
dass er leuchte uns so sehr
durch die dunklen Stunden.

Zwei und drei und dann vier!
Rund um den Kranz welch ein Schimmer,
und so leuchten auch wir,
und so leuchtet das Zimmer.

Und so leuchtet die Welt
langsam der Weihnacht entgegen.
Und der in Händen sie hält,
weiß um den Segen![1]

Es ist der Adventskranz, den er beschreibt. Grün wie das Leben, ein Hoffnungszeichen mitten im kalten Winter. Und sein Licht soll uns leuchten „durch die dunklen Stunden“.

Wir kennen sie, die dunklen Stunden:

- wenn Sorgen unser Herz schwer machen,
- wenn wir uns allein und verloren fühlen,
- wenn wir mutlos sind oder nicht mehr wissen, wie es weitergehen soll.

Dann, so sagt das Gedicht, soll er uns leuchten – der Kranz. Kerzen gegen die Dunkelheit. Sie sind ein Abglanz jenes Lichtes, das damals in die Welt gekommen ist. Und es breitet sich aus, springt über auf uns selbst, erfüllt das Zimmer, bringt die ganze Welt zum Leuchten: „Rund um den Kranz welch ein Schimmer, / und so leuchten auch wir, / und so leuchtet das Zimmer. Und so leuchtet die Welt / langsam der Weihnacht entgegen. / Und der in Händen sie hält, weiß um den Segen!"

Gerne würde ich es glauben, was der Dichter sagt. Die Nachrichten verbreiten eine andere Botschaft: Krieg, Terror, Katastrophen. Staatshaushalte brechen zusammen, Klimaveränderungen stürzen ganze Regionen ins Chaos. Was heil bleibt, zerstören wir Menschen selbst.

Sind wir noch zu retten? Die Politik hat versagt, die Wissenschaft ist hilflos, die Kirche in ihrer Glaubwürdigkeit beschädigt.

Der Advent bringt die Zusage: Wir sind zu retten. Der Retter ist unterwegs. Er ist längst gekommen, damals in Betlehem, und er wird wiederkommen, wenn

Raum und Zeit sich verwandeln. „Und so leuchtet die Welt langsam der Weihnacht entgegen." Jener Nacht, in der sich Himmel und Erde berühren.

Noch sehen wir es nicht. Noch glauben wir es nicht, noch wagen wir es kaum zu hoffen. Vier kleine Kerzen entzünden wir gegen die Dunkelheit. Wir entzünden sie gegen die Traurigkeit und Leere in unseren Herzen, gegen die Bosheit und Dummheit unter den Menschen. Vier Hoffnungslichter auf einem grünen Kranz. „Und so leuchtet die Welt langsam der Weihnacht entgegen."

Es gibt einen Schritt, der dazwischen liegt. In einem einzigen Vers spricht der Dichter es aus: „und so leuchten auch wir." Die Kerzen des Adventskranzes scheinen auch auf uns selbst. „Ihr seid das Licht der Welt", hat Jesus einst gesagt. Er traut uns zu, die Welt heller zu machen.

Sende, Herr, dein Licht

In die Dunkelheiten unseres Lebens,
in unsere Angst, unsere Trauer, unseren Schmerz
sende, Herr, dein Licht.

In die Unruhe unserer Herzen,
in die Hektik unserer Tage
und die Sorgen unserer Nächte
sende, Herr, dein Licht.

Dann können wir aufatmen
und Hoffnung schöpfen.
Dann werden unsere Augen hell
und unser Mund singt lange nicht gehörte Lieder.

Wenn dein Licht
unser verwundetes Herz berührt,
dann heilen die Narben,
die das Leben uns zugefügt hat,
und wir erheben das Haupt.

Herr, deine Güte reicht, so weit der Himmel ist,
und deine Treue, so weit die Wolken ziehn.
Die Menschen bergen sich im Schatten deiner Flügel.
Denn bei dir ist die Quelle des Lebens,
in deinem Licht schauen wir das Licht.

„... als zöge die Landschaft und wir ständen fest“

Was ist der Advent? Die Antwort hängt vom Standpunkt ab. „Stille Zeit“, sagen die einen. Winterlicher Rückzug in die Wärme der Familie. Verlangsamung, innere Einkehr, zur Ruhe kommen.

Andere spüren den Zauber der Kindheit. Advent, das heißt Lichterglanz, Lebkuchenduft, Tannenzweige, Kalendertürchen öffnen, Wunschzettel schreiben, die alten Lieder singen – Adventserinnerungen, tief gespeichert in unserer Seele.

Hochbetrieb in den Geschäften, Umsatzrekord, Endspurt für die Jahresbilanz – auch dieses Gesicht hat der Advent. Kaufhäuser machen Kasse, Kundenströme fluten über die Weihnachtsmärkte, die Online-Bestellungen im Internetshop boomen.

Kinder freuen sich, Hausfrauen und Geschäftsmänner rotieren, Fernsehsender drücken auf die Romantikdrüse, Werbefachleute verbreiten adventliches Styling.

Advent – das ist ein Mix aus Gefühl und Geschäft, Romantik und Rendite, Glimmer und Glaube, Kommerz und Kirche, Rummel und Religion.

Längst haben wir Christen das Monopol auf den Advent verloren. Er ist Teil geworden von Brauchtum und Kultur, ein Wirtschaftsfaktor, ein Medienereignis, hat sich verselbstständigt, ist ausgewandert aus dem Raum der Kirchen. Darüber zu schimpfen ist müßig.

„Wir sagen euch an eine heilige Zeit“, singen wir in einem Adventslied. Eine „heilige Zeit“? Das klingt nach uralter Weisheit, nach Geheimnis, nach Verheißung und Prophetenworten. Der Umkehrruf des Evangeliums schwingt darin mit, eine Ahnung vom Ende der Zeit und die Hoffnung, dass einer kommt, den sie den „Gesalbten“ nennen, den Retter, den Herrn. Vielleicht ist dieses „eine heilige Zeit“, der feste Boden, auf dem ich stehen kann, wenn die adventliche Welle auf mich hereinschwappt. Und ich kann sie vorbeifließen lassen, habe Stand mitten im Strudel, schaue zu, was alles vorbeitreibt, kann dazu lächeln oder auch den Kopf schütteln, bin mittendrin wie einer, der von ferne einen Ruf gehört hat, wie einer, der Spielern zuschaut, wie einer, der frei ist zu gehen. „Ziehende Landschaft“ hat Hilde Domin ein Gedicht genannt, das mit folgenden Versen beginnt:

> Man muss weggehen können
> und doch sein wie ein Baum:
> als bliebe die Wurzel im Boden,
> als zöge die Landschaft und wir ständen fest.

Adam

Zu den Heiligen, deren Festtag in den Advent fällt, gehören einige bekannte Namen: Barbara, Luzia und vor allem der heilige Nikolaus. Auch Johannes der Täufer spielt in den Evangelien der Adventssonntage eine wichtige Rolle. Schließlich ist er der Wegbereiter des Kommenden. Ungewöhnlich dagegen und überraschend im Kreis der „Advents- und Weihnachtsfiguren" ist eine Gestalt aus der biblischen Schöpfungsgeschichte: Adam.

Aus Ackererde (hebräisch: Adamah) formte ihn Gott und blies in seine Nase den Lebensatem. „Adam" – „Erdling" wird er deshalb genannt. So beschreibt die Bibel die Erschaffung des Menschen. „Adam" war also ursprünglich kein männlicher Vorname, sondern bezeichnete den Erdling: die Gattung „Mensch".

Was aber hat Adam mit Weihnachten zu tun?

Tatsächlich gibt es da einen engen Zusammenhang. Nicht zufällig wird am 24. Dezember der Namenstag von Adam und Eva begangen. Der Christbaum mit seinen roten Äpfeln oder Kugeln erinnert an den Paradiesbaum, und im Mittelalter wurde vor dem Krippenspiel ein Paradiesspiel aufgeführt.

Der erste Adam, so deutete es die Überlieferung, wollte sein wie Gott und verlor deshalb das Paradies.

Ein zweiter Adam musste kommen, der bereit war, sein Gottsein aufzugeben und Mensch zu werden. Dadurch wurde ein neuer Zugang zu dem verlorenen Paradies eröffnet. Die Geschichte Adams erzählt, wie „der Mensch" die Beziehung zu Gott beschädigt hat. Die Weihnachtsgeschichte verkündet, dass Gott auf neue und dichte Weise in Beziehung zu den Menschen getreten ist.

Es macht deshalb Sinn, neben die klassischen Weihnachtsfiguren, neben Maria und Josef, das Kind, die Hirten, die Könige, auch eine Figur des Erdlings an die Krippe zu stellen. Die Menschwerdung des Menschen setzt sich jetzt auf einer neuen Stufe fort und deshalb spiegelt das Licht der Weihnachtskerzen etwas wider vom himmlischen Glanz des Paradieses.

Doch wir sehen schon den Stern

Dem Licht entgegen

Nicht nur die Zugvögel haben einen inneren Kompass. Wissenschaftler der Universität Essen haben herausgefunden: Kühe richten beim Weiden ihren Körper fast immer in Nord-Süd-Richtung aus. Mit dem Computerprogramm Google Earth wurde das per Satellit weltweit vermessen.

Kühe haben einen siebten Sinn für das Magnetfeld der Erde. Niemand weiß, woher das kommt und wozu es gut ist. Eines der Rätsel der Natur.

Unsere alten Kirchen haben auch eine besondere Orientierung. Sie sind fast immer nach Osten ausgerichtet. Die Baumeister des Mittelalters legten Wert darauf, dass der Chorraum mit dem Altar nach Osten schaut: dorthin, wo die Sonne aufgeht.

Wir sollen eintauchen in die Ostersonne des Auferstandenen – das wollten die alten Baumeister sichtbar machen. Das ist das Magnetfeld, das unserem Leben Richtung gibt.[2] Was unser Geheimnis als Christen ausmacht, was der Kern unseres Glaubens ist, das fasst der 1. Petrusbrief in dem Bild zusammen: Gott hat uns aus der Finsternis in sein wunderbares Licht gerufen (vgl. 1 Petr 2,9). „Lebt als Kinder des Lichts", schrieb deshalb der Apostel Paulus (Eph 5,8).

Schon bevor Jesus geboren wurde, hatten die Perser den Lichtgott Ahura Mazda verehrt. Die Griechen widmeten dem Sonnengott Helios ein Standbild, das als eines der sieben Weltwunder galt, und die Römer sahen in ihm, den sie Sol invictus – unbesiegte Sonne – nannten, ihren wichtigsten Gott. Der Geburtstag dieses Gottes wurde am 25. Dezember gefeiert. Auf dieses Datum legten die Christen ihr Weihnachtsfest. Sie wollten damit deutlich machen: Die wahre Sonne ist Jesus Christus. Er ist das Licht der Welt.

Bis heute erklingen deshalb jedes Jahr in der Christmette die Jesaja-Worte: „Das Volk, das im Dunkel lebt, sieht ein helles Licht; über denen, die im Land der Finsternis wohnen, strahlt ein Licht auf“ (Jes 9,1). Bis heute verkünden wir deshalb im Evangelium des ersten Weihnachtsfeiertags die Worte des Evangelisten Johannes: „Das wahre Licht, das jeden Menschen erleuchtet, kam in die Welt“ (Joh 1,9). Bis heute singen wir deshalb täglich in der Laudes, dem großen Morgengebet der Kirche, den Lobgesang des Zacharias, in dem es heißt: „Durch die barmherzige Liebe unseres Gottes wird uns besuchen das aufstrahlende Licht aus der Höhe, um allen zu leuchten, die in Finsternis sitzen und im Schatten des Todes.“

1624 wurde in Schlesien Johann Scheffler geboren. Er ist später als Barockdichter und mystischer Priester unter dem Namen Angelus Silesius berühmt geworden.

Was der alte Kirchenbau mit seiner Ausrichtung nach Osten sagen wollte, drückte Angelus Silesius 1657 in einem Gedicht aus, das zu einem bekannten Kirchenlied geworden ist. Es gibt Zeugnis von der adventlichen Sehnsucht nach dem Licht des Lebens.

Morgenstern der finstern Nacht,
der die Welt voll Freuden macht,
Jesu mein,
komm herein,
leucht in meines Herzens Schrein,
leucht in meines Herzens Schrein.

Schau, dein Himmel ist in mir,
er begehrt dich, seine Zier.
Säume nicht, o mein Licht,
komm, komm, eh der Tag anbricht,
komm, komm, eh der Tag anbricht.

Deines Glanzes Herrlichkeit
übertrifft die Sonne weit;
du allein, Jesu mein,
bist, was tausend Sonnen sein,
bist, was tausend Sonnen sein.

Du erleuchtest alles gar,
was jetzt ist und kommt und war;
voller Pracht wird die Nacht,
weil dein Glanz sie angelacht,
weil dein Glanz sie angelacht.

Deinem freudenreichen Strahl
wird gedienet überall;
schönster Stern, weit und fern
ehrt man dich als Gott den Herrn,
ehrt man dich als Gott den Herrn.

Ei nun, güldnes Seelenlicht,
komm herein und säume nicht.
Komm herein, Jesu mein,
leucht in meines Herzens Schrein,
leucht in meines Herzens Schrein.

Angelus Silesius

Sternenlicht

Starlight-Express heißt eines der berühmtesten Musicals unserer Zeit. „Sternenlicht-Zug" könnte man es übersetzen. Seit mehr als 25 Jahren täglich ausverkaufte Vorstellungen. Ein eigenes Theater mit einer 250 m langen Rollschuhbahn wurde dafür in Bochum gebaut. Über 12 Millionen Zuschauer haben die Show gesehen.
Das ganze Stück ist ein Traum: der Traum eines kleinen Jungen, der sich für Eisenbahnen begeistert. Er träumt von der Weltmeisterschaft der Lokomotiven, von Wettfahrten und Intrigen, von Niederlagen und Siegen, von Zweifeln und Tränen, Angst und Schuld. Jede Lok muss einen Partner haben, der als Anhänger mit ihr fährt. Und so ergeben sich dann die Verwicklungen zwischen Greaseball, der protzigen Diesellok, der ehrgeizigen E-Lok Elektra und der liebenswerten Dampflok Rusty, die befreundet ist mit dem 1.-Klasse-Waggon Pearl.
Die Geschichte der Lokomotiven und der Anhänger-Wagen ist die in die Eisenbahnwelt übertragene Geschichte unseres Lebens. Auch da dreht sich vieles um zwei große Themen: „Wer wird der Erste sein?" Und: „Wer wird mich lieben?"

Im Ringen um diese beiden Lebensthemen spielt der geheimnisvolle *Starlight-Express* eine wichtige Rolle, der unsichtbare Sternenlicht-Zug, nach dem sich tief im Inneren alle sehnen.

Als Rusty verzweifelt ist, weil Pearl ihn verlassen hat und er nicht weiß, wie er das Rennen gewinnen soll, wendet er sich – fast wie in einem Gebet – an den Starlight-Express, an den Zug aus dem Sternenhimmel: „Starlight-Express, wo bist du? Sag es mir, Starlight-Express, ich brauche dich jetzt und wünsche mir, du wärst hier. Wenn es dich gibt, dann zeige mir den Weg, damit ich nicht verlier'."

Ein hypermodernes Schauspielhaus, Schauspielerinnen und Schauspieler auf Rollschuhen und in super-technischen Kostümen, das ganze Stück ein Rock-Pop-Märchen. Und mitten darin das uralte Bild menschlicher Sehnsucht: die Sterne am Himmel, symbolisiert im Sternenlicht-Zug – Hoffnung in der Dunkelheit, Lichtzeichen aus dem Geheimnis des Himmels und zugleich unauslöschliche Leuchtkraft mitten in unserem Herzen.

Ich muss an den Stern von Betlehem denken, an das Licht der Osterkerze oder an die Feuerzungen von Pfingsten. Bilder, Sprache, Musik haben sich geändert. Die Sehnsucht nach dem Stern über unserem Leben ist geblieben. Im Finale des Musicals ist es unüberhörbar, wenn alle singen: „Wir sehn ein

Licht ganz am Ende des Tunnels. Wenn der Engel Gabriel uns ein Zeichen gibt, sehn wir das Licht ganz am Ende des Tunnels.“

Stern über Betlehem,
zeig uns den Weg!
Licht ganz am Ende des Tunnels,
Licht aus der Höhe,
Flamme der Liebe,
leuchte auf in unserem Herzen,
mache unsere Finsternis hell.

Wenn wir auf Anerkennung warten,
wenn wir uns nach Liebe sehnen,
wenn wir jemanden brauchen,
der uns versteht,
wenn wir uns verloren fühlen,
wenn wir gelähmt sind vor Kummer und Schmerz,
wenn unsere Augen voll Dunkelheit sind
und unser Herz voller Angst,
dann, Stern über Betlehem, zeig uns den Weg,

Wohin unsere Schritte führen,
wohin unsere Züge fahren,
wohin das Schicksal uns lenkt,
am Ende des Tunnels leuchtet dein Licht!

Denn der Engel Gabriel hat das Zeichen
gegeben,
und seitdem
sehn wir das Licht
ganz am Ende des Tunnels.

Segne unseren Weg,
erleuchte unser Herz,
sei du der Stern,
dem wir folgen.

Nachtgedanken

Manchmal, wenn es still geworden ist,
wenn die Nacht kommt
und Dunkelheit sich ausbreitet über uns,
wandern die Gedanken hinaus ...

Unser Gesicht,
gezeichnet von den Wegen, die wir gegangen sind,
von den Träumen, die wir geträumt,
von den Tränen, die wir geweint haben.
In den Augen noch die Schatten all der Dinge,
die wir gesehen haben.

Der Herzschlag erfüllt
vom Schmerz und der Hoffnung,
der Liebe
und all den Fragen
so vieler Jahre.

Und am Abend des Tages,
wenn wir Bilanz ziehen über alles, was war,
und wenn die Stimmen verstummt sind
und die Gedanken sich sammeln,
dann erklingt es ganz leise in unserem Herzen:
das alte Lied der Sehnsucht,
fast vergessen geglaubt

in den Geräuschen des Alltags.
Und die Hände falten sich
wie einst
und der Blick geht hinauf zu den Sternen.

Nacht für Nacht leuchtet es mir,
das Licht aus dem Himmel.
Heute,
stehend am offenen Fenster,
werde ich seiner gewahr,
und ein wenig wundere ich mich über mich selbst,
dass ich so oft
den Stern vergesse,
der mir schon in frühen Jahren aufgeleuchtet ist
als der Morgenstern meines Lebens
und der mich einst
auch als Abendstern begleiten wird,
wenn die Dunkelheit kommt.

Ruf aus der Nacht

Stern
abgestürzt auf die Erde
begraben unter Trümmern
aus Erdbebenkatastrophen und Bomben
eingetaucht
in das Blut so vieler

Stern
nach dem sich sehnen
die ohne Hoffnung sind
von dem die Kinder träumen
in den Slums
den die Verlorenen suchen
am Himmel

Stern
über den Schlachtfeldern
über Pflegeheimen und Krebsstationen
gespiegelt in den Tränen derer
denen das Herz schwer ist
Stern über Betlehem
höre nicht auf
zu leuchten

Wie der Aufschein einer anderen Welt

Vor einigen Jahren waren sie in Mode: die sogenannten 3-D-Bilder, abgedruckt auf Postkarten, in Heften oder Büchern. Auf den ersten Blick sieht man nur Blumen oder Autos oder Herzen. Aber wenn man das Bild aus einem bestimmten Abstand betrachtet und aus einem leicht schielenden Augenwinkel heraus, dann verändert es sich plötzlich: Was vorher flächenhaft zu sehen war, wird jetzt räumlich. Unsere Augen sehen auf einmal eine neue Dimension, die vorher verborgen war.

Ich habe mich lange schwergetan mit diesen Bildern. Oft schaute ich sie an und blieb an der Oberfläche hängen. Doch auf einmal war es da, das räumliche Sehen, die neue Dimension, und dann konnte ich gar nicht mehr verstehen, wie blind ich vorher gewesen war. Manchmal macht es „Klick" – und die Welt hat sich verändert.

Ein wenig davon spüre ich, wenn ich im Advent auf dem Weg von der Arbeit durch die Innenstadt gehe und dann einer Eingebung folgend vom gewohnten Weg abbiege und den Dom betrete. Vor einigen Minuten noch Betrieb in den Straßen, eilige Menschen, Verkehrslärm, Geschäfte. Und ich mittendrin. Den

Kopf voll mit Plänen: Besorgungen, Termine, Vorsätze. Und das Herz voll mit Sorgen, Hoffnungen, Zweifeln.

Und dann die Stufen hoch; die Schritte verlangsamen sich auf dem Weg durch das schwere Domportal. Und im Überschreiten der Schwelle öffnet sich ein neuer Raum. Es ist, als betrete ich eine andere Welt. Die Augen müssen sich erst an das Dunkel gewöhnen, aber sie werden sofort angezogen vom Licht des Chores, das die Schritte fast automatisch nach vorne lenkt. Langsam gehe ich durch den Mittelgang dem Licht entgegen, vorbei an den Grabdenkmälern der Würzburger Bischöfe, die links und rechts den Weg begleiten. Vorne erwartet mich lichtdurchflutet der Chorraum. Das himmlische Jerusalem in all seinem Glanz leuchtet auf, die Gemeinschaft der Heiligen wird sichtbar in all den Figuren rundum und in der Mitte *Er*, der Lebendige, umstrahlt von der Herrlichkeit Gottes.

Es ist ein Glaubensbild, in das ich da hineingezogen werde, ein Hoffnungsbild, das ahnen lässt, wie unser Leben umfangen ist vom Geheimnis Gottes und wie es einmal, wenn unsere Zeit vollendet ist, hineinmünden wird in diesen Lichtglanz des Ewigen, dessen Schimmer wir jetzt schon manchmal spüren dürfen.

Hier, wo ich jetzt stehe, kreuzen sich die Linien. Mein Blick geht zurück in die Vergangenheit, zu den

Grabmälern von 1000 Jahren, und irgendwie bin ich hineinverwoben in diese Geschichte, trage ein paar Pulsschläge bei zum Kreislauf des Lebens, das lange vor mir begann und weitergeht, wenn ich längst nicht mehr bin.

Und wenn ich mich umdrehe, geht mein Blick nach vorne, in die verheißene Zukunft, an die wir Christen glauben. Und so stehe ich in diesem großen Dom, atme den Atem der Vergangenheit und spüre den Hauch der Zukunft. Über den Gräbern wölbt sich der Himmel wie die Ahnung einer anderen Welt.

Und aller Lärm der Straße, alle Pläne und Sorgen rücken auf einmal weit weg. Denn für einen Augenblick ist für mich wie im 3-D-Bild etwas sichtbar geworden, was ich oft vergesse: dass hinter meiner kleinen Welt sich ein Raum öffnet, in den ich eingebettet bin, dass in allen und hinter allen Dingen ein Geheimnis aufleuchtet, das wir Christen „Gott" nennen.

Weihnachtsbeleuchtung

Gerne gehe ich in der Weihnachtszeit durch die
Straßen unserer Stadt.
Lichterketten an den Häusern, Laternen am Eingang,
aus einem Garten blinkt ein Rentier mit Schlitten.
Gewaltiger Aufwand,
Heimwerkerenergie in beachtlichem Ausmaß.
Und die Stromkosten!

Warum machen wir das?
Wollen wir glänzen vor den anderen,
uns ins rechte Licht rücken?
Oder einfach Freude machen mit dem Spiel der Lichter
und die Welt ein wenig heller?

Vielleicht ist es die Sehnsucht nach Licht,
die uns Kerzen aufstellen lässt an den Türen
und die Bäume schmücken mit bunten Lichtern,
wenn draußen die Dunkelheit kommt,
schon am frühen Abend.

Ein wenig vielleicht die Erinnerung an ein Paradies,
das verloren gegangen ist,
oder die Hoffnung
auf einen Stern
über unserem Leben.

Du fehlst

Dein Platz am weihnachtlich geschmückten Tisch
ist leer
schon so viele Jahre.
Das Leben ging weiter, musste gehen,
und neue Bahnen haben sich eingespurt in den Alltag.
Sogar das Lachen ist zurückgekehrt
dann und wann,
und der Schmerz ist erträglich in der Brust.
Doch immer wenn die Kerzen brennen
und ihr Glanz sich in den Kugeln spiegelt,
wenn die Glocken läuten in der Heiligen Nacht
und die alten Lieder erklingen,
da höre ich im Gesang deine Stimme
wie einst
und ich sehe dein Gesicht, das vertraute,
bitter und süß zugleich
krampft sich das Herz
und ins Leere geht der Blick,
weit in die Ferne,
dort begegnen wir uns,
engelszart die Berührung,
der Himmel
einen Augenblick offen,
und der Weihnachtsbaum leuchtet
in der Nacht.

Wir sehen seinen Stern

Wieder ein Tag mit Katastrophenmeldungen. 112 Tote in Libyen, darunter viele Kinder; Erdbebenopfer immer noch obdachlos; erneut ein Flüchtlingsboot gekentert; Finanzkrise – der Euro wieder unter Druck. So begegnet mir die Welt schon beim Frühstück. Der Blick in die Zeitung kühlt die Morgenstimmung ab: Bevölkerungsrückgang in Deutschland, zunehmende Altersarmut, Verhaftungen in Russland, Menschenrechtsverletzungen in China, Vertrauen in die katholische Kirche nach wie vor auf dem Tiefpunkt ...

Ich lese, die Kaffeetasse in der Hand, empöre mich, spüre Wut, Verzweiflung, sitze im warmen Zimmer, meine kleine Welt wie eine private Insel, fühle mich immer noch irgendwie in Sicherheit und sehe doch die Einschläge rings um mich: Sterbefall in der Nachbarschaft, Krebserkrankung einer Kollegin, der Sohn eines Freundes unternimmt einen Selbstmordversuch, ein Neffe verunglückt mit dem Auto ...

Die Adventsstimmung will mir mit dem Frühstücksbrötchen im Hals stecken bleiben. „Süßer die Glocken nie klingen“? Ob der Polizist das auch so empfindet, der in vermeintlicher Notwehr einen Betrunkenen erschossen hat? Schön wäre es, wenn der Gesang der Engel von „Friede und Freud“ in Erfüllung ginge. Für alle Menschen! Schön wäre es, wenn die Weihnachtsbotschaft nicht täglich durch die Realität widerlegt würde. „Christ, der Retter, ist da" – glauben würde ich es gern. Im Moment ist mir der adventliche Flehruf näher: „O komm, o komm, Immanuel; nach dir sehnt sich dein Israel ..." Es ist die uralte Spannung zwischen dem „schon" und dem „noch nicht", die auch Jesu Predigt von der Nähe Gottes, die jetzt schon aufscheint, gekennzeichnet hat. Vielleicht führt mich die Frühstückszeitung an einem Morgen im Advent zum Kern des Glaubens, den Paulus im Blick auf das große Glaubensvorbild Abraham als „Hoffnung gegen alle Hoffnung" beschreibt (vgl. Röm 4,18), also eine Art Hoffnung gegen den Augenschein oder – wie er es später formuliert – „hoffen wir auf das, was wir nicht sehen" (Röm 8,25). „Illusion" haben das manche später genannt, „Vertröstung" oder sogar „Opium des Volkes". Ich halte es lieber mit der Dialektik des Paulus: Gott hat die Welt vergänglich geschaffen, das sieht er ganz nüchtern, „aber zugleich gab er ihr Hoffnung" (Röm 8,20). So kann er schreiben – in der bereits genannten Spannung zwischen „schon" und „noch nicht": „Wir sind gerettet, doch in der Hoffnung." Vielleicht hilft mir die Advents- und Weihnachtszeit, mich in diese Sichtweise einzuüben. Das geht offensichtlich nicht ganz schmerzfrei. Paulus spricht von den „Geburtswehen" der Schöpfung (Röm 8,22) und davon, dass die innere Spannung uns stöhnen oder seufzen lässt. Sehnsucht kann weh tun. Wir glauben an das „schon" und hoffen auf das „noch nicht" – das ist für mich Advent. In der Sprache der Poesie klingt es ganz einfach:

> Wir pilgern noch im Dunkel.
> Doch wir sehen seinen Stern.[3]

Vom Geheimnis der Weihnacht

Weihnachtsabend

Ein Stern am Himmel
auf dem Feld ein Stall
Hirten am Feuer
Ringsum die Nacht
Ein Volk träumt den Traum
von Rettung und Frieden

Eine Frau und ein Mann
auf der Suche nach Heimat
Und das Kind im Leib
Und die Hoffnung im Herzen
Berührt vom Geheimnis
uralter Verheißung
Aus der Bahn geworfen
durch den Ruf
des Engels
Aufgebrochen
zu einem langen Weg

Und sie finden den Stall
Und der Stern leuchtet
zur Geburt des Kindes
Und die Hirten erwachen

Und die Engel singen
vom Frieden
der gekommen ist
in jener Nacht

Und ich höre das Echo
Es weckt mich vom Schlaf
Und das Herz zittert
Und der Boden schwankt
unter den Füßen
seitdem
Aus der Bahn geworfen
auch ich
dem Stern zu folgen

Leons Weihnachtsfest

Leon mag Weihnachten nicht. Kein Bock auf kitschige Lieder und Gefühlsduselei. Schon der Advent geht ihm gehörig auf den Wecker. Mit seinen 16 Jahren hat er wenig übrig für Weihnachtsbeleuchtung und goldene Engel in den Schaufenstern. Fromm zugetextet werden mag er erst recht nicht. Nur dem Glühwein kann er etwas abgewinnen. Mit seinen Kumpels um ein Blechfass stehen, aus dem die Flammen eines kleinen Feuers lodern, die Hände an der heißen Glühweintasse wärmen – das hat schon was.

Daheim gibt es doch nur Stress: An seinen Noten wird gemeckert, die Mutter schimpft, wie sein Zimmer schon wieder aussieht, die jüngeren Geschwister nerven, und ständig der Streit, wie lange er abends fortbleiben darf. Weihnachten in der Familie – nein danke! Zum Glück kann er sich in sein Zimmer zurückziehen. Da hat er wenigstens seine Ruhe.

Nur wenn er an Leila aus seiner Klasse denkt, kommt bei Leon ein Hauch von Romantik auf. Mit ihr durch den Schnee zu wandern, das könnte er sich vorstellen. Und keiner seiner Kumpels bräuchte dabei zu sein ...

Leila lebt allein bei ihrer Mutter. Sie ist in Deutschland geboren und aufgewachsen, aber ihre Eltern stammen aus der Türkei und der Vater hat die Familie schon lange verlassen, um in die alte Heimat zurückzukehren. Am Tag vor Heiligabend passiert es: Leilas Mutter rutscht auf dem Heimweg von der Arbeit auf einer Eisplatte aus und bricht sich das rechte Wadenbein und das Sprunggelenk. Die Ärzte raten ihr dringend, über die Feiertage in der Klinik zu bleiben.

Leons Herz hämmert, als seine Eltern vorschlagen, Leila könne doch an Weihnachten zu ihnen kommen, und Leilas Mutter ist glücklich, dass ihre Tochter an den Feiertagen nicht allein sein muss.

Leilas Ankunft verändert das Familienleben. Es gibt viel weniger Zoff als üblich und Leon, der sonst oft mit seinen jüngeren Geschwistern in Streit gerät, zeigt sich von seiner besten Seite. Er weiß selbst nicht, was mit ihm los ist. Leila hilft sogar in der Küche mit und sie drückt auch Leon ein Messer in die Hand, damit er das Obst für den Fruchtsalat klein schneidet. Als Leons Vater mit den jüngeren Geschwistern den Christbaum schmückt und vorsichtig bei Leon anfragt, ob er vielleicht die Krippe aufbauen könne, da liegt ihm das Nein schon auf der Zunge, als er einen leichten Rippenstoß von Leila verspürt und zu seinem eigenen Erstaunen ein „Ja, klar doch!" stammelt.

Erst ist Leon ein bisschen verlegen, als er die Krippenfiguren vom Dachboden holt, doch Leila geht ihm neugierig zur Hand. Sie ist mit dem christlichen Glauben wenig vertraut und in Bezug auf Weihnachten ziemlich ahnungslos. Als Leon den Stall und die ersten Figuren aus der Schachtel holt, denkt sie zuerst, ein Bauernhof solle aufgebaut werden. Es gibt ja immerhin eine Menge Schafe, einen Ochsen und einen Esel und mehrere bärtige Männer. Leon erklärt ihr, dass es um etwas anderes geht. Er erzählt ihr von Maria, der ein Engel die Geburt eines Sohnes verkündet hatte, von Kaiser Augustus und der Herbergssuche in Betlehem. Er erzählt ihr von den Hirten auf dem Felde und von dem Engel, der ihnen zurief: „Heute ist euch der Retter geboren."

Und Leila hört zu und betrachtet still das Kind, das Leon in die kleine Holzkrippe gelegt hat. Leon ist es kein bisschen peinlich, über diese Dinge zu reden, über die er sonst nie geredet hätte. Und während er davon erzählt, ist es ihm, als höre er selbst die alte Geschichte mit neuen Ohren und als sehe er das Kind im Stall mit anderen Augen, und am Ende stehen sie beide einfach da vor der Krippe und betrachten ihr Werk und das ist der Augenblick, wo Leon zum ersten Mal seit langem richtige Weihnachtsstimmung empfindet.

Als er kurz danach an der Küchentür vorbeigeht, hört er, wie seine Mutter dem Vater zuraunt: „Diese Leila ist wirklich ein Engel.“

Damals in Betlehem

Der Esel im Stall von Betlehem konnte lange keinen Schlaf finden. Zu ungewöhnlich waren die Ereignisse heute Nacht gewesen, und auch er hatte nicht alles gleich begriffen, obwohl Esel im Allgemeinen viel klüger sind, als die Menschen ahnen. Dreimal hatte der Esel an der göttlichen Weisheit gezweifelt, und nur weil er es gewohnt war zu gehorchen, hatte er mitgespielt in jener denkwürdigen Weihnachtsgeschichte, in der seitdem auch ein Esel seinen festen Platz hat.

Es hatte damit angefangen, dass er sich weigern wollte, die Heilige Familie nach Betlehem zu tragen. Nicht dass ihm Maria zu schwer gewesen wäre, auch wenn sie ein Kind erwartete und ein paar Pfund mehr wog als früher! Nein, das war es nicht. Aber dass jenes Kind kein würdigeres Reittier finden sollte als ihn, das wollte dem Esel nicht in den Kopf. Denn er wusste natürlich längst, wen er da tragen sollte, und da wäre ihm ein edles Reitpferd oder ein kostbar aufgezäumtes Wüstenkamel wesentlich geeigneter erschienen als ein einfacher alter Esel. Doch der Erzengel Gabriel wollte es nun einmal so, und seit wann sollen Esel klüger sein als Engel?

Und ein zweites Mal schüttelte der Esel widerstrebend seine graue Mähne: Da nämlich, als Josef ihn auf einen alten Stall zulenkte, um dort das Nachtlager aufzuschlagen. Der Esel wusste ja schließlich, wer da in dieser Nacht geboren werden sollte, und da wäre ihm ein Königspalast oder wenigstens ein vornehmes Landhaus wesentlich geeigneter erschienen als ein einfacher alter Stall. Doch Maria und Josef wollten es nun einmal so, und seit wann sollen Esel klüger sein als zwei so heilige Menschen, bei denen der Erzengel Gabriel ein und aus geht?

So waren sie denn im Stall angelangt und in der Nacht gebar Maria ihren Sohn, den Erstgeborenen. Und als der Esel ihn so vor sich in der Krippe liegen sah, da wurde es ihm merkwürdig warm ums Herz, und er war froh, dass dieses Kind, das der Engel „Sohn Gottes“ genannt hatte, hier geboren war und nicht in einem Königspalast. Hier lag es im Stroh, mitten in einem Stall, mitten in einer Welt voll Armut und Not, und selbst ein alter Esel wie er durfte dabeistehen und das Wunder bestaunen, das in dieser Nacht geschehen war.

Ein drittes Mal schließlich brummte der Esel ein missmutiges Iaah, als in der Nacht die Tür aufging und Hirten von dem Felde hereinkamen, um das Kind zu sehen und vor ihm ihr Knie zu beugen. „Mussten es ausgerechnet diese einfachen Hirten sein, die als Erste dem Kinde huldigten?“, dachte der Esel bei sich. „Hätte nicht eine edlere Gesandtschaft von Boten der Welt die Nachricht verkünden können?“ Doch allmählich begriff der Esel, der – wie gesagt – klüger war, als die Menschen ahnten, dass alles so sein sollte, wie es war. Hier im Stall war der Platz des neugeborenen Königs, hier bei den Hirten, hier, mitten im Dunkel der Welt.

Und als der Esel schließlich doch einschlief, hatte er einen merkwürdigen Traum. Er träumte, dass das Kind in der Krippe zu einem Mann herangewachsen war. Und wieder wurde er von einem Esel getragen, hinein in die Stadt Jerusalem. Die Menschen an der Straße breiteten Palmzweige aus und jubelten ihm zu. Doch nicht lange dauerte der Jubel und sie führten ihn hinaus vor die Stadt, ein Kreuz auf seiner Schulter. Doch das ist eine andere Geschichte, und sie soll ein andermal erzählt werden. Der Esel wusste nichts mehr von dem Traum, als er erwachte. Das Heu, das Josef ihm reichte, schmeckte seltsam süß und bitter zugleich. Der Esel ahnte, dass Betlehem erst der Anfang war. Die Geschichte dieses neugeborenen Kindes hatte gerade erst begonnen.

Vom Licht, das in die Welt kam

Warum feiern wir eigentlich Weihnachten? – Jedes dritte Kind in Deutschland im Alter von 6 bis 12 Jahren kennt den Grund nicht. Das hat vor einigen Jahren ein Münchner Jugendforschungsinstitut herausgefunden. Manche antworteten: Wir feiern Weihnachten, weil Ferien sind oder weil die Oma kommt oder weil da die Geschäfte mehr verdienen.

Da wundert es auch nicht, wenn in einer Stadt an der Ostsee die Eröffnung des Weihnachtsmarktes in der Zeitung so angekündigt wurde: „Wie immer wird der Nikolaus mit dem Schiff im Alten Hafen landen. In seiner Begleitung befinden sich Hänsel und Gretel und die Hexe aus dem Zauberwald und auf dem Marktplatz werden sie ihre Gefährten treffen: das Rentier und den Schneemann ..." Da bleibt von Weihnachten nicht mehr übrig als eine romantische Kulisse und ein paar Figuren in einem religiösen Märchendisneyland.

Genau genommen ist Weihnachten ja ein Geburtstagsfest. Geburtstage bringen uns in Berührung mit dem Geheimnis unserer Herkunft. Die meisten Feste haben einen Sinn, der tiefer reicht als das, was an der Oberfläche sichtbar ist: Sie erinnern uns an unsere Wurzeln, machen etwas sichtbar, was bis zu den Ursprüngen unserer Geschichte reicht, was tief in unserem Herzen verankert ist. In ihren Riten und Feiern, ihren Sagen und Erzählungen halten die Völker die Erinnerungen daran wach, wer sie sind, woher sie kommen und wohin sie gehen.

Prometheus

Auch das antike Griechenland kannte viele Mythen, in denen die geronnenen Erfahrungen vieler Jahrhunderte gespeichert sind. Es sind Symbolgeschichten der abendländischen Kultur, in denen sich bis heute unser Welt- und Menschenbild ausdrückt. Zu diesen Ursprungsmythen gehört auch die Sage von dem Titanen Prometheus. Kurz nach der Erschaffung der Menschen, so erzählt dieser Mythos, waren die Götter besorgt, die Menschen könnten zu mächtig werden und ihnen über den Kopf wachsen. Deshalb beschlossen sie, ihnen das Feuer vorzuenthalten. Prometheus habe dem zum Trotz eine Fackel am vorbeifahrenden Sonnenwagen entzündet und so den Menschen das Feuer gebracht, das sie fortan wie einen kostbaren Schatz hüteten. Furchtbar bestraften ihn dafür die Götter: Angeschmiedet an einem Felsen des Kaukasus musste er jahrtausendelang Qualen erdulden.

Der Mythos vom Lichtbringer Prometheus, der dem Sonnengott das Feuer entriss, blieb bis heute lebendig. Er wurde zum Ausdruck des Selbstbewusstseins der Menschen. Wir nehmen unser Schicksal selbst in die Hand. Der Funke des Geistes, der Vernunft, der Selbsterkenntnis kann nie mehr ausgelöscht werden. Der Mensch – seines Glückes eigener Schmied! Das heißt aber: Auch im Unglück muss er allein fertig werden mit dem, was das Schicksal ihm bringt. Kein Blick nach oben! Kein Halt mehr und Trost bei den Göttern!

Jesus

Ganz anders die Ursprungsgeschichte, die wir an Weihnachten in Erinnerung rufen: Auch hier wird erzählt von einem, der in die dunkle Welt das Licht gebracht hat: kein heldenhafter Titan, sondern ein Kind. Er musste nicht herrschsüchtige Götter überlisten, um den Menschen zu helfen, sondern Gott hat ihn von sich aus geschickt, um das Dunkel hell zu machen. Kein eifersüchtiges Misstrauen zwischen den Göttern droben und den Menschen drunten, sondern Gott selbst begibt sich hinab, um die Kluft zu überbrücken und oben und unten für immer zu verbinden.

Das macht den Unterschied aus zwischen der Prometheussage und der Weihnachtsgeschichte: Unsere Erlösung aus der Dunkelheit verdanken wir nicht unserer eigenen Macht, sondern sie wird uns geschenkt. Nicht menschliche Schlauheit und Durchsetzungskraft bringen die Rettung, sondern die Liebe. Deshalb erzählen wir diese Geschichte – alle Jahre wieder.

Und die Kerzen an unseren Adventskränzen und Weihnachtsbäumen erinnern uns an das Licht, das in die Welt gekommen ist und auch unser Leben hell machen kann.

Das wahre Licht

Prometheus ist eine Sagengestalt. Jesus Christus hat wirklich gelebt. Vor etwas mehr als 2000 Jahren ist er geboren. Doch das Weihnachtsfest ist mehr als die historische Erinnerung an seinen Geburtstag. Bereits im dritten Jahrhundert haben die Christen diesen Geburtstag symbolträchtig auf den 25. Dezember datiert, jenen Tag, an dem im Römischen Reich das Fest des unbesiegbaren Sonnengottes bzw. des altpersischen Lichtgottes Mithras gefeiert wurde. Sie brachten damit zum Ausdruck, dass dieses „Kind von Betlehem“ die wahre Sonne ist, das wahre Licht, der wahre Retter. Und auch nicht der Kaiser, sondern Jesus ist der eigentliche Herr der Welt.

Prometheus hat der Sage nach den Menschen das der Sonne geraubte Feuer gebracht. Jesus Christus hat dem Glauben nach den Menschen das Leben gebracht. Deshalb wird in den Gebeten der Weihnachtsliturgie jener „göttliche Tausch“ gepriesen, in dem Gott „Menschennatur angenommen“ hat, damit wir für immer mit seinem göttlichen Leben beschenkt werden. Seitdem leuchtet der göttliche Funke in uns. Gott und Mensch sind für immer miteinander verbunden. Und wo immer Menschen danach fragen, wer sie sind, woher sie kommen und wohin sie gehen, und wo immer Menschen fragen nach dem Geheimnis Gottes, müssen wir diese Geschichte erzählen: die Geschichte, wie das Licht in die Welt gekommen ist, die Geschichte von Weihnachten.

Falsche Frage

Ihr feiert den Geburtstag Jesu
und habt keine Geschenke mitgebracht?,
fragt der Prediger
mit keckem Blick in die Reihen.

Die Gemeinde lacht verlegen,
weiß nicht: Ist es Spaß oder Ernst?
Die Frage schwebt in der Luft.

Ich lache nicht mit,
denn Weihnachten,
so glaube ich,
heißt:
Wir sind die Beschenkten.

Sich auf den Weg machen

Wenn wir unseren eigenen Platz in der Weihnachtsgeschichte suchen, bieten sich die Hirten als Identifikationsfiguren an. Sie hören eine unglaubliche Botschaft und stehen vor der Frage, was sie damit anfangen sollen.

Um Weihnachten zu erleben, mussten sie ihren gewohnten Platz bei den Herden verlassen. Sie mussten hinaus in die Nacht und den Stall mit dem Jesuskind suchen. Es wird überhaupt sehr viel gewandert in der Weihnachtsgeschichte: Maria und Josef wandern nach Betlehem, die Hirten machen sich in der Nacht auf den Weg, die Weisen aus dem Morgenland kommen von weit her angereist, und zum Schluss fliehen Maria und Josef durch die Wüste nach Ägypten. Weihnachten – das ist eine Weg-Geschichte: Gott selbst hat sich auf den Weg gemacht zu den Menschen, und die Menschen machen sich auf den Weg, um ihm zu begegnen.

Das soll nicht übersehen werden, wenn wir im warmen Wohnzimmer unter dem Tannenbaum sitzen. Wer nicht nur Weihnachtsstimmung, sondern wirklich Weihnachten erleben will, der muss die Herden verlassen, die er ängstlich hütet. Der muss ein Ohr haben für die Stimme des Engels, die ihm den Weg zeigt. Der muss den Mut haben, von dem sicheren Lagerfeuer weg in die Nacht hineinzugehen.

Weihnachten erinnert daran: Auch heute noch ruft uns der Engel, auch heute noch leuchtet uns der Stern, auch heute noch ist Gott unterwegs zu uns.

Ist der Messias schon angekommen?

Das Kind in der Krippe, Maria und Josef, Ochs und Esel im Stall, die Hirten – weltberühmt ist die Geschichte, die von ihnen erzählt wird. „Heute ist euch in der Stadt Davids der Retter geboren; er ist der Messias, der Herr“ – so verkündet es der Engel in der Heiligen Nacht. Außer den Hirten hat es niemand bemerkt. Die Juden stellten sich das Kommen des Messias anders vor. Zumindest die Schofarhörner müssten geblasen werden, so glaubten sie. Martin Buber überliefert dazu eine Anekdote über Rabbi Menachem in Israel: Einst bestieg ein „törichter Mann“ unbemerkt den Ölberg und stieß vom Gipfel aus laut in die Schofarposaune. „Im aufgeschreckten Volk sprang die Kunde um, dies sei das Schofarblasen, das die Erlösung verkündigt. Als das Gerücht zu den Ohren Rabbi Menachems kam, öffnete er das Fenster, sah in die Welt hinaus und sprach: „Da ist keine Erneuerung.“

Wie kann der Erlöser gekommen sein, wenn die Welt sich um nichts geändert hat? Diese Frage Rabbi Menachems ist auch der Einwand vieler Menschen heute gegen den Weihnachtsglauben. Was ist anders, was ist besser geworden, seit jener geboren wurde vor 2000 Jahren in Betlehem?

Die Historiker können jetzt gegeneinander aufrechnen, was seitdem geschehen ist: Kreuzzüge und Krankenhäuser, Hexenverfolgungen und Heiligenleben. Was dabei herauskommt, wird wohl nach keiner Seite hin beweiskräftig sein. Viel wichtiger scheint mir die Frage, was sich in unserem, in meinem Leben erneuert hat durch die Geburt jenes Kindes von Betlehem. „Immanuel" nennt ihn die Bibel, das heißt: „Gott ist mit uns". „Ist Gott für uns, wer ist dann gegen uns?", fragt Paulus im Römerbrief (8,31). Wenn wir heute aus dem Fenster schauen, dann hat sich die Welt draußen nicht verändert. Aber vielleicht ist in unserem Herzen eine Erneuerung geschehen. Vielleicht ist eine Ahnung jenes tiefen Friedens, von dem die Engel gesungen haben, in unser Herz eingezogen, weil wir wissen: Gott ist mit uns.

Der Evangelist Johannes spricht von Weihnachten in einer ganz anderen Sprache. Es ist die Sprache theologischer Reflexion. Die berühmten Worte seines Prologs wollen deutlich machen, dass wir nach dem, was in Betlehem geschehen ist, nicht einfach zur Tagesordnung übergehen können. Die Geburt jenes Kindes im Stall ist mehr als eine historische Episode mit folkloristischer Garnierung: Diese Geburt hat die Welt in ihrer Wurzel verändert. Bewusst beginnt Johannes mit den Worten „Im Anfang", denn das sind die ersten Worte der Bibel überhaupt: „Im Anfang schuf Gott Himmel und Erde". Jetzt geht es wieder um die Schöpfung. Das Wort, das im Anfang war, ist mehr noch als das Wort, mit dem Gott sprach: „Es werde" – und es ward. Das Wort ist Gott selbst, und dieses Wort ist „Fleisch geworden", hat sich unwiderruflich hineingesprochen in die Menschheitsgeschichte, hat „unter uns gewohnt". Das ist der Grund, warum die Welt nach Weihnachten nicht einfach zur Tagesordnung übergehen kann. Die Stunde von Betlehem hat die Welt verwandelt. An uns Christen liegt es, dass die Menschen es bemerken.

Nebenbei bemerkt

Die Hauptschlacht ist geschlagen. Mit dem Schmücken des Weihnachtsbaumes waren wir bis zum Ende der Kindermette rechtzeitig fertig. Die Bescherung ging friedlich über die Bühne und die Kinder waren glücklich mit ihren Geschenken. Der Jüngste hatte sogar zwei Weihnachtslieder auf der Flöte gespielt. Die Schwiegereltern lieben das besonders. Diesmal konnten sie nichts kritisieren an der kleinen häuslichen Feier. Auch der Gänsebraten war in diesem Jahr hervorragend geraten. Peters Mutter hatte auf jede spitze Bemerkung verzichtet. Und mit dem Nachtisch hatte sie einen absoluten Treffer gelandet: Mousse au Chocolat und dazu ihre hausgemachten Plätzchen. Zehn Sorten hatte sie gebacken. Da konnte selbst die liebe Schwiegermama nicht mithalten. Auch das Essen selbst verlief harmonisch. Die Kinder stritten ausnahmsweise einmal nicht und auch Peter geriet sich nicht mit seinem Vater über die Regierungspolitik in die Haare.

Jetzt sitzen alle im Wohnzimmer und probieren den neuen Baukasten aus. Zeit für eine kurze Verschnaufpause.

In der Küche türmt sich das Geschirr. Überall liegen noch die Geschenke herum und der Boden ist bedeckt mit zerrissenem Verpackungsmaterial. Unter dem Baum, verdeckt durch Fetzen von Geschenkpapier, steht unbemerkt die Krippe.

Wir sind Betlehem

Nicht „außen“, sondern „innen“

Eines der beliebtesten Zitate in Weihnachtspredigten ist ein Satz des schlesischen Dichters und Mystikers Angelus Silesius:

Wird Christus tausendmal zu Bethlehem geboren.
Und nicht in dir, du bleibst noch ewiglich verloren.

Die Weihnachtsgeschichte wird hier als ein inneres Geschehen gedeutet: Gottes Geburt ereignet sich in uns. Manche psychologische Richtungen deuten auf diese Weise die Träume und auch die Mythen und Märchen der Menschen. Was so erzählt wird, als ereigne es sich „draußen“, geschieht in Wirklichkeit innen. Die Märchenwelt ist die Welt der eigenen Seele. Figuren und Personen verkörpern Anteile meines eigenen Selbst. In mir leben die Prinzessin und der Wolf, die Hexe und der Engel, der Adler und der Zwerg. Und deren märchenhafte Geschichte miteinander ist die Geschichte meiner Seele, sind die Verwicklungen und Kämpfe, die Sehnsüchte und Ängste in mir selbst.

Manche Theologen wollen auch biblische Geschichten auf diese Weise deuten. Auch hier, so legen sie es aus, geht es um uns selbst. Denn Pharisäer und Apostel, Propheten, Sünder und Blinde leben auch in unserem Inneren. Die Heilung des Gelähmten erzählt von unserer eigenen Lähmung. Die Gesetzestreue der Pharisäer ist ein Spiegel unserer eigenen Gesetzlichkeit. Und wenn der Zöllner sich bekehrt und sein Leben ändert, dann repräsentiert er damit die Erneuerungssehnsucht unseres eigenen Lebens.

Weihnachten ereignet sich in uns

An Weihnachten, so kann man es nach dieser Deutung sehen, wird unsere eigene Geschichte erzählt: das Wunder, dass in uns etwas Neues geboren wird, dass wir selbst neu geboren werden unter dem Anhauch des göttlichen Geistes, geführt von einem inneren Stern.

Das göttliche Kind ist so betrachtet das Symbol dafür, dass Gott in uns einen neuen Anfang schafft, dass etwas in uns Gestalt annehmen will, das aus unserem tiefsten Selbst kommt, das hineinreicht in das Geheimnis Gottes. Wir ahnen, dass dies unser Leben verändern wird und etwas Großes geschieht. Wie aus einer anderen Welt erreicht uns die Botschaft, dass wir gerettet sind, bringt uns in Bewegung, lässt uns aufbrechen, öffnet uns für das neue Leben, das uns geschenkt ist. Und es ist, als gehe in der Nacht unserer Ängste und lebenslangen Verstrickungen ein Stern auf, als blühe aus dem Stumpf abgestorbener Sehnsucht neue Hoffnung, als habe der Himmel die Erde berührt. Und nicht irgendwann und irgendwo ist das geschehen, sondern heute und in uns selbst. Wir sind Betlehem.

Gott in uns

Angelus Silesius spricht von der Gottesgeburt in uns. Dass Gott Wohnung genommen hat im Menschen, ist ein altes Bild des christlichen Glaubens. Schon bei der Erschaffung des Menschen, so erzählt die Bibel, haucht Gott ihm seinen Atem ein: seinen Geist, sich selbst. Seitdem ist Gott anwesend in uns selbst. In jedem Menschen kommt er in die Welt, durchdringt und umgibt seine Schöpfung.

Warum Weihnachten?

Warum brauchen wir dann noch Weihnachten? Warum alle Jahre die erwartungsvolle Inszenierung, als komme Gott *erst jetzt* in die Welt, wenn er doch längst da ist als innerster Kern und innerste Mitte aller Dinge, als das Leben alles Lebendigen, als das Sein alles Seienden?

Die Frage: „Warum wurde Gott Mensch?" bringt uns in Berührung mit einem tiefen Geheimnis unseres Glaubens, führt uns zum Geheimnis Gottes selbst. Der Gott, an den Abraham, Sara und Mose, Jesaja und Jeremia, Johannes und Maria geglaubt haben, ist mehr als der philosophisch erkannte Urgrund der Welt. Er ist ein Gott mit einem Herz für die Menschen: ein Gott, zu dem man rufen, vor dem man weinen, den man lieben kann; ein Gott, der zu den Menschen spricht, Beziehung zu ihnen aufnimmt, einen Weg mit ihnen geht. Es gehört zum Wesen dieses Gottes, dass er im Dialog existiert, als lebendige Kommunikation, als Beziehung zwischen Vater und Sohn im Heiligen Geist.

In der Liturgie von Weihnachten wird deshalb der Beginn des Johannesevangeliums verlesen. Danach ist Jesus das „Wort", in dem der Vater-Gott sich selbst ausspricht und in die Welt hineinspricht, so wie er auch die Schöpfung durch sein Wort ins Leben gerufen hat. In Betlehem teilt Gott sich selber mit, geht in Augenhöhe zu den Menschen, geht eine sichtbare und hörbare Verbindung mit ihnen ein, bindet sich an ihr Schicksal und verkörpert damit für immer den Bund zwischen Mensch und Gott.

In Jesus scheint damit auf, was schon immer die Bestimmung des Menschen ist: „Wohnung“ Gottes zu sein, „Ort“ seiner Gegenwart, und was schon immer das Wesen Gottes ist: strömende Liebe, Selbsthingabe, lebendige Beziehung.

Zwei Bewegungen finden in Jesus ihren Schnittpunkt: die „aufsteigende“ Sehnsucht der Menschen nach dem bergenden Geheimnis, das sie umgibt und ihnen gleichzeitig innewohnt, und die „absteigende“ Bewegung, in der sich Gott auf die Menschen hin öffnet, zu ihnen in Beziehung tritt, sich selbst hineinbegibt in Welt und Geschichte.

Im Kind von Betlehem sind die Grenzen zwischen „oben“ und „unten“, zwischen „innen“ und „außen“ aufgehoben. Der Gott, der schon immer in uns lebendig ist, seit er dem Menschen seinen Geist-Atem eingehaucht hat, nimmt in der Krippe im Stall Gestalt an, wird selber Mensch, lässt sich ein auf Menschennot und Menschenleid, wird „Fleisch“, wie es später die Sprache der Theologen formulierte, und teilt das Schicksal allen Fleisches – bis zum Tod.

Jesus wurde geboren an einem bestimmten Ort und zu einer bestimmten Zeit, auch wenn die Datierung seiner Geburt nicht ganz eindeutig ist und auch wenn sich die Gelehrten darüber streiten, ob Betlehem der historische Geburtsort ist oder eher eine symbolisch-theologische Bedeutung als Stadt Davids hat.

Der Himmel ist in dir

Und doch ist Weihnachten mehr als ein historisches Ereignis, an das wir alle Jahre wieder erinnern und das wir alle Jahre wieder feiern. Angelus Silesius drückt es so aus: „Der Himmel ist in dir. Suchst du ihn anderswo, du fehlst ihn für und für." In uns selbst muss Gott „Fleisch werden". In uns muss der göttliche Funke zünden, muss Gott Gestalt annehmen. Auch wir sind Betlehem, Ort der Gottesgeburt, armseliger Stall für ein großes Geheimnis. Die Nacht, die Stille, der Stall, der Stern – das sind Bilder, die andeuten, welches die Rahmenbedingungen der Geburt Gottes sind. Es braucht einen Raum der Stille in uns, die Bereitschaft, uns unserer Dunkelheit zu stellen, einen Rückzugsort der Geborgenheit und Wärme, den Mut, unserem Stern zu folgen und der Stimme des Engels zu vertrauen. Dann mag das Wunder geschehen, dass der verborgene Gott in uns Gestalt annimmt, hineingeboren wird in unser Leben als der „Immanuel", der Gott mit uns und in uns, der uns verheißen ist.

Du bist

Du bist da
Gegenwärtiger
Jahwe.
In uns
dein Atem
über uns
deine Hand.

Du wirst kommen
Ewiger
wenn die Zeit da ist
die Dinge für immer zu richten.
Träumende sind wir
auf den Lippen
leise Lieder der Hoffnung.

Der du da warst
im Stall
kommen wirst du
an jenem Tag
und bist doch
Geheimnisvoller
längst schon in mir.

„... und das Wort war Gott“

Dein Wort,
Herr,
hast du gesprochen
in die Nacht,
hast zum Schwingen gebracht
die Welt
durch seinen Klang,
der widerhallt
in den Herzen,
hast es geflüstert
auf den Feldern von Betlehem,
hineingelegt
in die Krippe.

Und das war erst der Anfang

Du aber bleibst

Die Christbaumkerzen sind ausgebrannt.
Du aber bleibst,
Licht in der Dunkelheit.

Die Weihnachtslieder sind verklungen.
Dein Wort hallt nach
in unseren Herzen.

Die Weihnachtszeit geht zu Ende.
Aber die Berührung dauert fort
zwischen Himmel und Erde.

Täglich neu wirst du geboren
in unseren Herzen,
in unserem Leben.

Der Weihnachtsstern
strahlt weiter über uns,
leuchtet auf unseren Wegen.

Bilanz

Das vorletzte Kalenderblatt reiße ich ab. Bald ist es um, dieses Jahr. In meiner Jahresschlussstimmung geht mir eine Frage nicht aus dem Sinn, die ich auf einem Aufkleber an einem Autofenster gelesen habe: „Heute schon gelebt?"

Die Frage hat mich merkwürdig angerührt. Zu oft verschiebe ich das Leben auf morgen. Auch bei anderen entdecke ich diese Neigung. „Wenn ich nur erst einmal die Schule hinter mir habe", denkt sich der Schüler, „dann kann das Leben beginnen". „Wenn nur erst einmal das Haus fertig ist ...", „wenn nur erst einmal die Kinder aus dem Gröbsten heraus sind ...", „wenn ich nur erst einmal pensioniert bin ..." – ja, und dann ist das Leben um, und wir merken, dass wir noch gar nicht begonnen haben, es zu leben. „Stirb nicht im Warteraum der Zukunft" lautete vor vielen Jahren ein Buchtitel des amerikanischen Theologen Harvey Cox. Habe ich wieder ein Jahr nur gewartet, statt zu leben?

„Heute schon gelebt?" – diesen Aufkleber könnte man an eine Kirchentür kleben. Denn Gott ist ein „Liebhaber des Lebens", sagt die Bibel (Weish 11,26), und Christen sind nach Paulus „Menschen, die vom Tod zum Leben gekommen sind".

„Heute schon gelebt?" – Ich will die Frage mitnehmen ins neue Jahr. Auf jedem Kalenderblatt soll sie stehen: Frühs und abends zu lesen.

Gerade die

„Gerade die ...", so höre ich es vor mir in der Straßenbahn. Zwei Männer unterhalten sich über Silvester. „Noch keinen Euro habe ich ausgegeben für die Knallerei", versichert der Ältere, „da ist mir das Geld viel zu schade." Und ich höre noch manches über das Koma-Saufen der Jugend und den Niedergang der Kultur. Dass gerade die, die am wenigsten Geld haben, am meisten ballern – darüber sind sich die beiden Männer einig. Der Arbeitslose aus der Nachbarschaft, die Russlanddeutschen vorne am Eck und die kroatische Familie gleich gegenüber: Ein Vermögen jagen sie als Feuerwerk in die Luft, letztlich mit unserem Geld, wer zahlt ihnen denn ihr Hartz IV? Gerade die haben es nötig, auf der Straße Party zu machen!

Auch ich bin kein Freund von Feuerwerk an Silvester. „Brot statt Böller" – den Slogan teile ich. Und ich sehe sie vor mir: den Arbeitslosen aus der Nachbarschaft, ein netter Mann übrigens, der zu kämpfen hat, um mit der Familie über die Runden zu kommen, und die Russlanddeutschen, wie sie ihre Supermarkt-Tüten ausladen aus dem ständig defekten, verrosteten Auto, und die kroatische Familie mit den zwei halbwüchsigen Jungen, die Werbeprospekte austragen für ein Taschengeld.

Heute feiern sie Silvester. Einmal in diesem Jahr, wenigstens am letzten Tag, wollen sie es so richtig krachen lassen: Ja, wir leben! Einmal nicht die Eurostücke zählen müssen! Einmal feiern und ausgelassen sein! Die Hoffnung leuchtend in den Himmel schreiben, dass im neuen Jahr alles besser wird!

Nachdenklich steige ich aus, und auf dem Heimweg frage ich mich, wann ich es zum letzten Mal so richtig krachen ließ.

Auf der Suche nach dem Glück

So ein Jahreswechsel geht bei uns oft recht geräuschvoll vor sich: Sektkorken knallen, Böllerschüsse krachen und Leuchtraketen zeigen an, dass ein neues Jahr begonnen hat. Warum eigentlich so viel Lärm, so viel laute Fröhlichkeit? Vor einer Woche haben wir doch noch ganz anders gefeiert, als es hieß: „Stille Nacht, heilige Nacht …" Soll da etwas übertönt werden? Eine Stimme in uns, die uns sagt, dass die Zeit flüchtig, das Leben vergänglich und die Zukunft ungewiss ist?

Ein wenig aufregend ist es schon, wenn so ein unverbrauchter Kalender am Neujahrsmorgen vor uns liegt: ein Buch mit 365 oder 366 leeren Seiten. Wir werden es vollschreiben mit unserer Lebensgeschichte, Tag für Tag. Es wird ein buntes Buch werden: farbig, wie das Leben selbst. Glückliche Stunden werden darin vorkommen, aber auch Langeweile und Frust. Geschichten von Liebe und Leid, von Geburt und Tod, von Siegen und Niederlagen werden das Kalender-Buch füllen. Niemand weiß, wie die Reise in dieses Jahr für ihn ausgeht; niemand weiß, ob er das Ende der Reise erleben wird …

Glück-Wünsche

Bei allen nachdenklichen Zwischentönen im Lärm des Jahreswechsels – in einem sind wir uns einig: Glücklich soll es sein, dieses neue Jahr. Und so wünschen wir einander Glück, verschenken Hufeisen aus Schokolade, Kleeblätter und Marzipanschweinchen und hoffen, dass wir auch selbst das Glück finden, von dem wir träumen. Jeder hat da so seine eigenen kleinen und großen Wünsche, mit denen er die leeren Blätter des neuen Kalenders füllt: endlich wieder gesund werden, einen neuen Arbeitsplatz finden, Konflikte in der Familie bereinigen, die Prüfung bestehen ...

Von der Hoffnung auf Glück erzählt folgende Geschichte:

Der kleine Nachtwächter eines unbedeutenden Dorfes findet im Mondschein ein vierblättriges Kleeblatt. Er weiß, dass dies Glück bedeutet. Aus Freude darüber bläst er in sein Horn, ruft die Dorfbewohner zusammen. Und der Poet, die Marktfrau, der Schmied, das Blumenmädchen und der Lausejunge kommen herbeigeeilt.

„Das Glück besucht mich heute Nacht", verkündet der kleine Nachtwächter freudestrahlend.

Und alles setzt sich nieder und wartet auf das Glück, das sich im Kleeblatt angekündigt hat. Es wird ganz ruhig, alle lauschen in die Nacht hinaus. Der

Wind raschelt leise in den Blättern, die Nachtigall singt im nahen Wald, ab und zu schwirrt eine Fledermaus vorbei – sonst aber ist nichts zu vernehmen, die Nacht hat sich ausgebreitet mit ihrer tiefen Ruhe.

„Wann kommt endlich das Glück?", ruft der Lausejunge.

Der Poet aber, die Marktfrau, der Nachtwächter und das Blumenmädchen – sie alle verstehen, dass das Glück bereits eingezogen ist. Sie sitzen da und hören und lauschen bis zur Morgendämmerung. (Margrit Schnider)

Das erwartete Glück – es ist bereits eingezogen. Der Poet, die Marktfrau, der Nachtwächter und das Blumenmädchen – sie haben es begriffen. Während der Lausejunge es noch immer sucht, haben sie es gefunden, denn ihr Blick geht nicht nach außen, sondern nach innen. Dort, in der Tiefe, spüren sie das Glück, das längst eingezogen ist und darauf wartet, entdeckt zu werden.

Entdeckt haben es auch die Hirten in jener anderen Nacht: Der Langerwartete, der Retter, der Messias ist bereits geboren. Das Glück der Menschen, das Heil der Welt – es ist bereits eingezogen im Stall von Betlehem, ist Fleisch geworden und hat unter uns gewohnt.

Der Lausejunge hat das Glück übersehen und überhört. Denn leise kommt es oft und unbemerkt. Die Bibel erzählt etwas Ähnliches: Wer Gott begegnen will, braucht die Fähigkeit zu hören. Im leisen Säuseln des Windes offenbart sich Gott dem Propheten Elija, nicht im Sturm, nicht im Erdbeben und nicht im Feuer (1 Kön 19,9–13). Dreimal verwechselt der junge Samuel die Stimme Gottes mit der Stimme des Hohepriesters Eli (1 Sam 3,1–10). Ihm fehlt noch die „Hörerfahrung". Gott spricht im Herzen, nicht über das Ohr. Vom großen König Salomo erzählt die Bibel, Gott sei ihm nachts im Traum erschienen und habe ihm die Gewährung einer Bitte versprochen. Salomo bat weder um Reichtum noch um Ehre oder Macht, sondern sagte: Verleih mir „ein hörendes Herz"... (1 Kön 3,9). Das ist der Grund seiner viel gerühmten Weisheit.

Wenn die Geräusche des Jahreswechsels verklungen sind, werden wir vielleicht die leisen Töne hören, aus denen die Melodie unseres Lebens aufsteigen kann. Wir werden entdecken, dass wir dem Glück nicht krampfhaft nachjagen müssen, dass wir es nicht herbeizubeschwören brauchen mit Kleeblättern, Schornsteinfegern und Glücksschweinchen, dass es nicht auf der Karriereleiter zu finden ist und nicht an Bankschaltern. Es ist längst eingezogen. Der

Poet, die Marktfrau, der Nachtwächter, das Blumenmädchen – sie haben es verstanden, und die Hirten von Betlehem haben es gespürt, als sie das Kind fanden, dem man später den Namen „Jesus“ gab, das heißt übersetzt: „Gott ist Hilfe“. Wenn wir in diesem Namen das neue Jahr beginnen, wird es ein gesegnetes Jahr sein.

Neujahrssegen

Möge dieses Jahr für dich
unter dem Segen Gottes stehen.
Geh deinen Weg und bleibe dir selber treu,
aber sei offen für neue Gedanken,
neue Begegnungen, neue Pfade.
Vergiss deine Träume nicht
und folge der Stimme der Sehnsucht,
mit der Gott dich ruft.

Vertraue darauf, dass er da ist
und dass sein Engel dich begleitet,
lerne, seine Fingerzeige zu deuten.
Sei behutsam mit deinem Urteil.
Versuche, zuerst zu verstehen,
und folge vor allem der Liebe.

Öffne die Augen, die Ohren, das Herz
für die Menschen,
sie sind dir Schwestern und Brüder.
Lass dich berühren von ihrem Schicksal,
reiche die Hand, wo immer du helfen kannst.
Mögen deine Augen erfüllt sein von Güte
und deine Worte seien hell und voll Trost.

Möge dir Freude geschenkt sein jeden Tag.
Du findest sie, wenn du lernst, zu staunen
und dankbar zu sein für das Kleine.
Behalte den Mut, wenn Stürme kommen,
und wenn es dunkel ist,
glaube an das Licht.

Dazu segne dich Er,
der Herr ist über Leben und Tod,
der Vater, der unsere Zeit in seinen Händen hält,
der Sohn, der mitgeht all unsre Wege,
der Heilige Geist, der uns durchatmet und führt.
Amen.

Vorsätze

Ein Mann fasste am Neujahrsmorgen gute Vorsätze für das kommende Jahr. Einiges sollte anders werden als bisher. Schlechte Gewohnheiten wollte er ablegen, positive Seiten in sich entwickeln, sich neuen Herausforderungen stellen, höhere Ziele verfolgen, größere Aufgaben angehen ...

Eine Zeitlang ging es gut, doch schon im Februar war wieder alles beim Alten. So ging das Jahr um Jahr.

Als wieder einmal das Neujahrsfest heranrückte, holte er sich Rat bei einem alten Mönch.
Der gab ihm drei Ratschläge:

1. Schreib alles auf, was du ändern oder erreichen willst, und zwar ganz konkret und nachprüfbar.
2. Geh die Liste nochmals durch und streiche alles, was dir nicht wirklich am Herzen liegt oder was dir unerreichbar erscheint.
3. Nimm dir jeden Abend fünf Minuten Zeit, darüber nachzudenken, wie es dir heute mit deinen Vorsätzen ergangen ist.

Der Mann befolgte den Rat. Es ist bereits die siebte Woche, dass er täglich so verfährt. Ich bin gespannt, ob ich durchhalte.

Leben speichern

Was machst du, fragt mich ein Freund,
mit den alten Kalendern?
Ich hebe sie auf, sage ich, gestapelt im Schrank.
Vielleicht musst du gelegentlich nachschauen,
welche Termine du hattest und wann du wo warst
im vergangenen Jahr.

Fünfundzwanzig Terminkalender,
vollgeschrieben mit Bleistift und Tinte,
Rechenschaft auf Papier
über die Arbeit und das Leben,
Sitzungen, Konferenzen, Urlaubstage.
Beerdigungstermine, Kindergeburtstage,
Arztbesuche.

Fünfundzwanzig Jahre
in einer Hand voll Papier.
Ich bringe es nicht fertig,
sie in den Papierkorb zu werfen,
mich zu trennen von den verronnenen Tagen.
Kalender – Skelett der Erinnerungen,
Papier gewordenes Leben.

Dreikönigsgedanken

Das wäre schön
wenn ein stern erschiene am himmel
mir den weg zu zeigen
zum ziel meiner sehnsucht

Auf den weg würde ich mich machen
wie jene magier
die man auch könige nennt
dem stern zu folgen

Doch so einfach ist das nicht
wie es klingt
in den heiligen schriften
und in den erzählungen der alten

Viele sterne senden ihr licht
welcher ist richtig
und vielleicht gibt es sie gar nicht
die zeichen am himmel

Und die wege sind lang
auf die sterne führen
und wo du ankommst
ist mehr als zweifelhaft

Hell müsste er mir leuchten
mein stern
dass ich den aufbruch wagte
weiß nicht wohin

Und fast ein wunder
wär' es zu nennen
wenn ich am stall verstände
ich bin am ziel

Der Jesus-Film – Fortsetzung folgt

Mit dem Sonntag nach dem Fest „Erscheinung des Herrn“ endet nach dem liturgischen Kalender die weihnachtliche Festzeit. Es ist der Sonntag, an dem der „Taufe des Herrn“ gedacht wird.

Uns wird ein krasser Stimmungsumschwung zugemutet: von der stillen Heiligen Nacht ins helle Tageslicht, vom Stall in Betlehem an das Ufer des Jordan, aus der privaten Idylle der Heiligen Familie in die politische und gesellschaftliche Öffentlichkeit.

Wenn wir uns das Kirchenjahr als einen Jesusfilm vorstellen, dann macht der heutige Festtag einen Zeitsprung. „30 Jahre später“ – so würde dann am Bildrand eingeblendet. Vom Kind in der Krippe schwenkt die Kamera um auf den erwachsenen Jesus. Das Drehbuch des Kirchenjahrs vollzieht diesen Schwenk mit Absicht. Was die Hirten in der Stille der Nacht entdeckten, was den Magiern der Stern am Himmel zeigte, das wird jetzt öffentlich sichtbar und von Gott bestätigt.

Die Szene am Jordanufer enthält gleichzeitig eine Rückblende und eine Vorausblende. Beides geht merkwürdig ineinander über. In der Rückblende wechselt die Beleuchtung: Jesus wird im Licht des

Gottesknechts gezeigt, einer geheimnisvollen Gestalt aus dem Alten Testament. Am Ende des Jesusfilms wird diese Beleuchtung noch eine große Rolle spielen, wenn in den Todesweg Jesu das Schicksal des Gottesknechtes hineingeblendet wird.

Die Szene am Jordanufer lässt aber gleichzeitig auch die Zukunft aufblitzen: Der Himmel öffnet sich, Gottes Geist kommt auf Jesus herab und eine himmlische Stimme nennt ihn Gottes Sohn. Hier scheint in einer Vorausblende auf, was erst am Ende des Jesusfilms für alle sichtbar wird: Dieser Wanderprediger, der sich gerade von Johannes taufen ließ, der noch ganz am Anfang seines Weges steht, ist der Gesandte Gottes, ist erfüllt von Gottes Geist, ist Gottes geliebter Sohn.

Jeder Filmemacher hat seinen eigenen Stil, eine Geschichte zu erzählen. In den vergangenen Wochen haben wir die Fassung von Lukas und Matthäus miterlebt. Ihre Geschichte beginnt mit der Geburt Jesu. Auch hier ist der Heilige Geist im Spiel, ertönt aus dem Himmel die Stimme des Engels, erscheint ein geheimnisvoller Stern als göttliches Zeichen. Markus erzählt die Geschichte anders. Sein Film beginnt am Ufer des Jordan. Jesus taucht bei Johannes auf. Er erinnert an den Gottesknecht aus den heiligen Schriften und schon sein erstes Auftreten lässt ahnen, dass Gottes Geist selbst ihn erfüllt.

Das Kirchenjahr hat uns mit dem heutigen Festtag in diese Jordanszene versetzt. Der Jesusfilm geht weiter. Sonntag für Sonntag werden wir eine Fortsetzung erleben. Irgendwann werden wir entdecken, dass wir keine unbeteiligten Zuschauer sind. Wir selbst kommen in diesem Film vor, denn es geht auch um unser Leben. Weihnachten war erst der Anfang.

Anmerkungen

1 Aus: Hermann Claudius, Ihr habt mein Lied gesungen, herausgegeben von Gisela Claudius, Agentur des Rauhen Hauses Hamburg 1996.

2 Diese Anregungen verdanke ich Pfarrer Stefan Mai, Gerolzhofen.

3 Francisca Stoecklin (1894–1931) in ihrem Gedicht: „Stern von Betlehem".